세계사가 속닥속닥
정치와 민주주의

지도를 보기 전에 알아 둘 점

축척은 장마다 달리 하였습니다. 이야기의 소재가 되는 공간을 중심으로 확대 또는 축소하였습니다.

세계사가 속닥속닥

정치와 민주주의

이정화 글·성배 그림
배성호 감수

북멘토

추천의 글

세계를 여행하며 마주하는
신나는 정치 이야기로 초대합니다!

'정치' 하면 어떤 생각이 떠오르나요? 게임이나 스포츠는 재미있는 것 같지만 정치는 왠지 어렵게 느껴지는 것 같아요. 대통령이나 국회의원들만의 이야기 같기도 하고요. 뉴스와 인터넷 등에서 정치 뉴스는 곧잘 나오지만 우리들 생활과는 거리가 멀게만 느껴지기 때문이에요.

그런데 정치는 우리들 생활과 아주 가까이 있고 또 매우 중요한 역할을 한답니다. 당장 여러분이 학교를 다니는 것에서부터 생활 속 크고 작은 일들이 정치를 통해 이뤄지기 때문이에요. 이런 정치를 재밌으면서도 알차게 마주할 수 있답니다. 바로 이 책을 통해서요.

이 책이 매력적인 것은 세계 여러 나라를 여행하는 가운데 자연스럽게 정치와 마주할 수 있는 장을 열어 주기 때문입니다. 흥미진진한 세계사 속 이야기를 통해 정치가 사람들의 삶을 바꿔 간다는 것을 생생하게 일깨워 줍니다.

특히, 세계사 이야기들과 함께 우리가 살아가는 대한민국의 정치 이야기를 보탠 것이 인상적입니다. 선거 이야기에서부터 오늘날 민주주의를 이루기 위해 힘쓴 우리 국민들의 이야기를 읽으면 절로 뿌듯해지지요. 실제로 우리나라 헌법에서는 국민이 대한민국의 주인이라는 점을 분명히 밝혔고, 국민들이 이를 몸소 실천하면서 민주주의를 이뤄 가고 있어요.

정치는 크고 거창한 나랏일만 이야기하는 것이 아니에요. 생활 속에서 의견을 모아 이를 실천하는 것이 정치의 출발이기 때문이에요. 이는 마을 계획을 직접 우리들 손으로 정하고 펼쳐 가는 일들을 통해 잘 알 수 있어요. 책을 읽다 보면 어느새 정치가 우리 삶과 아주 가깝고 친근하다는 것을 느낄 수 있답니다. 더불어 정치에 적극적으로 참여하면서 세상을 행복하게 만드는 일에도 관심을 가질 수 있지요. 세계 여러 나라를 여행하듯 살피면서 정치와 새롭게 마주하고, 희망찬 미래를 모색해 보면 좋겠습니다.

배성호
전국초등사회교과모임 공동대표

차례

법을 만들고 그 법에 따라 나라를 다스려요 기원전 18세기, 바빌로니아 8
- 나라를 다스리는 기준 '법', 누가 만들까? 18
- 법은 어떻게 만들어질까? 19 · 세계 최초의 법은? 20

투표를 통해 시민의 의사를 표현해요 기원전 5세기, 아테네 22
- 민주주의의 꽃, '선거' 32
- 우리나라의 투표와 선거는 어떻게 진행될까? 33

국민을 지켜 주는 국가 2세기, 로마 36
- 국민을 위한 '국가', 국가를 위한 '국민' 46 · 대한민국 정부 수립 48

더 많은 나라와 교류하기 위해 떠난 해외 원정 15세기, 명나라 50
- 국가와 국가 사이의 정치, '외교' 60 · 외교를 담당하는 외교관 63

생각이 같은 사람들이 모인다 18세기, 영국 64
- 정치에 대한 같은 생각, '정당' 74 · 세계의 정당 75

국민을 도망자로 만드는 지도자 19세기, 프랑스 76
- '독재'와 '민주주의' 86 · 민주주의 국가 대한민국 87

모두 국가가 보살펴야 할 국민 1884년, 독일 90
- 가난하고 병든 국민을 위한 경제적 보장, '사회보험' 99 · 현대적 사회보험의 역사 100

국민들의 존경을 받는 대통령 20세기, 체코 102
'대통령중심제'와 '내각책임제' 111
- 대통령중심제에서 대통령의 권한 112 · 우리나라의 역대 대통령 113

대중에게 진실을 알린다 1974년, 미국 114
- 진실되고 공정해야 하는 '언론' 124
- 언론과 대중매체의 역사 125 · 퓰리처상 126

세계는 하나, 문제 해결도 함께 1979년, 베트남 128
- 국제 사회의 문제를 해결하는 '국제기구' 137 · 현재 세계의 난민 상황 139

시민이 모른 척하면 바꿀 수 없어 2014년, 튀니지 140
- 정치 참여는 '시민'의 권리 150
- 세계 역사 속에서 시민이 활약한 사건들 151
- 재스민 혁명으로 시작된 아랍의 봄 153

우리 마을 계획은 우리 손으로 2016년, 대한민국 154
- 주민들이 스스로 결정하고 실천하는 '지방자치제' 165 · 우리나라의 지방자치제 166

- 추천의 글   4
- 글쓴이의 말   168
- 초등 교과 연계 171
- 도움받은 책과 사이트 172
- 책 속에 등장하는 그림과 사진 173
- 찾아보기   174

법을 만들고 그 법에 따라 나라를 다스려요

법과 국회

🌐 **기원전 18세기, 바빌로니아**

기원전 4000년대 말 티그리스 강과 유프라테스 강 사이 메소포타미아 남동쪽에 세워진 고대 왕국이야. 기원전 1810년부터 기원전 1750년경까지 함무라비 왕이 나라를 통치하던 시절에 수도 바빌론은 동부 아시아의 중심 도시로 번영기를 누렸어.

메소포타미아 사람이라면 모두 지켜야 하는 법!

"야, 키루스!"

키루스는 자기를 부르는 소리에 걸음을 멈췄어. 하지만 돌아보고 싶지 않았어. 요 며칠 지겹도록 들은 목소리라 돌아보지 않고도 누군지 알 수 있었으니까. 목소리는 점점 커지고 욕지거리도 섞이기 시작했지. 더 버티지 못하고 키루스가 돌아보았어.

"왜 자꾸 부르는 거야? 난 너 볼일 없어."

"나는 있으니까 부르는 거 아냐? 너, 우리 아빠가 누군지 몰라서 이러는 거야?"

아륵수는 걸핏하면 자기 아빠를 들먹이며 키루스에게 겁을 주곤 했어.

'우리 아버지도 귀족이었다면······.'
귀족이 되고 싶다는 생각을 해 본 적 없던 키루스였지만 요즘 들어 자꾸만 그런 생각이 들었어. 힘을 가진 귀족은 키루스네와 같은 평민들에게 이래라저래라 일도 시키고, 실수라도 하면 마음대로 벌을 주었지만 누구도 뭐라 하지 않았거든.

키루스가 아륵수에게 꼼짝 못하는 건 한 달 전 그 사건 때문이야. 키루스 아빠가 귀족 아륵수네 집을 지었는데 벽 한쪽이 그만 무너져 버린 거야. 그날 키루스 아빠는 아륵수 아빠 사르곤이 보낸 사람들에게 끌려가 죽을 만큼 맞았어. 삼촌이 가서 기절한 아빠를 마차에 싣고 왔지. 진짜 문제는 그다음이었어.

열흘쯤 지나 겨우 몸을 움직이게 되자마자 아빠는 사르곤의 집으로 가서 무너진 벽을 다시 쌓았어. 그것으로 끝날 줄 알았지만 그렇지가 않아서. 그 후에도 사르곤은 집에 손볼 일이 생

길 때마다 키루스 아빠를 불러 댔거든. 다른 일을 하느라 가지 못하면 다시 몽둥이찜질을 당해야 했어.

"너무하잖아요. 그만두게 할 수는 없는 거예요?"

"이 근방에서 가장 힘센 귀족이니 어쩌겠니? 우리 같은 사람이 덤볐다가는 맞아 죽어도 할 말이 없는 거야."

"그런 게 어딨어요? 이렇게 오랫동안 사람을 괴롭히다니."

말도 안 된다며 발을 구르고 화를 냈지만 어쩔 수 없다는 사실을 키루스도 모르는 건 아니었지. 얼마 전 이웃집 아저씨는 귀족의 노예를 다치게 했다가 벌로 팔이 잘렸고, 아빠와 함께 일하는 목수 아저씨는 지은 집의 지붕이 무너져 그 집에 사는 귀족이 다치는 바람에 죽임을 당하고 말았으니까.

아빠, 엄마, 키루스까지 마당에 앉아 한숨을 쉬고 있는데 바빌론 시내에서 장사를 하는 삼촌이 왔어.

"형님, 몸은 좀 어때요? 사르곤이 좀 덜 괴롭혀요?"

아빠는 고개를 저으며 여전하다고 대답했어. 삼촌이 아빠 옆에 앉으며 말했어.

"시내 재판관을 찾아가 봅시다. 얼마 전에 법이 발표됐는데 메소포타미아 사람이라면 그 법을 다 지켜야 한대요."

"귀족도 자기 마음대로 할 수 없다는 거냐?"

고개를 끄덕거리며 삼촌이 자세한 이야기를 들려 주었어. 바빌론의 왕 함무라비가 법을 정리해 발표했는데, 사르곤 같은 귀족들이 제멋대로 법을 만들어 사람들을 벌줄 수 없게 했다는 거야. 그리고 법 내용을 돌에 새겨 거리에 세워 놓았다고 했어.

"시내에 가면 누구나 볼 수 있는 거예요?"

삼촌은 그렇다면서 삼촌 가게에서 멀지 않은 곳에 법전비가 있다고 했어. 키루스는 삼촌을 따라가서 눈으로 확인해야겠다고 생각했지.

"왕이 지역마다 재판관을 보내 법을 집행한대요. 사르곤이 한 일을 신고하면 벌을 받게 할 수 있을지도 몰라요."

"그럼 이제 귀족이나 우리 같은 평민이나 법을 어겼을 때 같은 벌을 받는다는 거냐?"

"그건 아니에요. 귀족이 평민을 때렸을 때보다 노예를 때려서 다치게 했을 때는 빌이 더 약하대요. 반대로 평민이나 노예가 귀족을 다치게 하면 엄청 큰 벌을 받아야 하고요. 신분에 따라

벌이 다른 거지요. 그래도 잘못했을 때는 어떤 벌을 주어야 할지 법으로 정해 놓고, 온 나라 사람들이 그 법을 따라야 한다니 전보다는 나아진 거잖아요."

시내에서는 훌륭한 왕 덕분에 통일된 법도 생기고 살기도 좋아진다며 사람들의 칭찬이 자자하다고 삼촌은 덧붙였지.

아빠는 삼촌의 설득에 반신반의했지만 결국 며칠 후 재판관을 찾아가 보기로 했어. 그사이에도 사르곤은 아빠를 불러 일을 시켰어.

"아빠, 저도 데려가 주세요. 왕이 만들어 세웠다는 그 법전비 보고 싶어요."

"일이 어떻게 될지도 모르는데 그냥 집에 있어라. 성가시게 굴지 말고."

아빠 눈치를 보며 엄마가 말렸지만 키루스는 막무가내로 졸라 대며 혼자라도 가겠다고 말했어. 아빠가 키루스의 머리를 쥐어박으며 한숨을 쉬었지.

"녀석, 고집 하고는. 그래 가자, 가! 삼촌 말이 사실인지 가서 확인하자!"

새로운 경험을 앞두고 눈을 반짝이는 키루스와, 사르곤에서 제발 벗어날 수 있기를 바라는 아빠는 두어 시간을 걸어 바빌론 시내에 있는 삼촌 가게에 도착했어. 삼촌은 바로 재판관에게 가 보자며 아빠와 함께 나갔지.

아빠와 삼촌이 나간 사이 키루스도 법전비를 찾아 나섰어. 사람들이 많이 모이는 곳에 있겠다 싶어 광장 쪽으로 갔어. 아니나 다를까 어른들 키보다 큰 돌이 서 있는 모습이 보였어. 가까이 가 보니 글자가 빽빽이 새겨 있었지. 꼭대기에는 수염이 난 할아버지가 뭔가를 받는 모습이 조각되어 있었어. 지나가는 아저씨에게 물어보니 그 할아버지가 함무라비 왕이래. 태양신 샤마시에게 법률을 받는 모습이라고 했어.

"이럴 줄 알았으면 공부 좀 열심히 할걸. 읽을 수 있는 글자가 별로 없네."

얼마 전부터 글자를 배우기 시작했으니 당연한 일이었지. 한 자 한 자 읽는데 저만치 아빠와 삼촌의 모습이 보였어. 삼촌이 키루스를 알아보고 손을 흔들었어. 키루스가 얼른 달려가 어떻게 되었냐고 물었지.

"재판관이 확인해서 귀족이 더는 괴롭히지 못하게 해 줄 거라고 했다."

삼촌의 말을 듣자마자 키루스는 두 팔 벌려 만세를 불렀어.

"함무라비 왕 만세! 우리나라 법 만세!"

속닥속닥 정치 이야기

"법 앞에 만인은 평등하다."라는 말도 있긴 하지만 태어나면서부터 정해진 신분이 있고, 귀족과 같은 사람들이 내키는 대로 사람들을 다스리는 게 당연하던 때에는 통일된 법이 있다는 것만도 기뻐할 일이었어. 설사 그 법이 조금 불평등해도 말이야. 그렇다면 지금 우리가 살면서 만나는 법은 어떨까?

나라를 다스리는 기준 '법', 누가 만들까?

'법'은 국민들이 지키도록 정해 놓은 사회 규범을 말해. 우리나라와 같은 민주주의 국가는 법에 따라 나라를 다스리는데, 법을 만드는 일은 국회에서 맡고 있어. 국회를 구성하는 국회의원은 국민들의 선거에 의해 선출되니까 결국 국민들이 법을 만드는 것이라고 할 수 있지. 그렇게 만든 법이기 때문에 법은 누구에게나 평등하단다. 또, 국민들 모두가 법을 지키겠다고 약속한 것이나 마찬가지야. 만약 지키지 않으면 처벌을 받고 벌금을 내거나 감옥에 갈 수도 있어. 이런 법 덕분에 사회 질서가 유지되고 사회의 구성원들이 권리를 보호받을 수 있는 거야.

법에도 서열이 있는 거 아니? 가장 높은 법은 헌법이야. 헌법은 국가의 기본법으로, 정치의 기본 원리와 입법부, 행정부, 사법부에 대한 기본적인 내용이 적혀 있어. 헌법을 고치려면 국민 투표를

서울 여의도에 위치한 국회의사당. 국회의원들이 모여 우리나라의 법을 만드는 곳이지.

통해 국민의 동의를 얻어야 하지.

헌법 밑에는 법률이 있고, 그 아래에는 명령, 조례, 규칙이 있단다. 우리가 보통 '법'이라고 말하는 것은 법률을 말해. 국회에서 만드는 법률에는 개인 간의 문제를 다룬 민법, 범죄와 그에 따른 형벌에 관련된 형법 등이 있어. 명령은 대통령이나 국무총리와 같은 행정부에서 만들어. 조례는 지방의회에서, 규칙은 지방자치단체의 장이 만든단다.

법은 어떻게 만들어질까?

국민의 대표로 뽑힌 국회의원들이 모여서 일을 하는 곳이 국회란다. 국회는 나라 살림에 필요한 예산을 결정하기도 하고, 행정부가 일을 잘 하는지 감시하는 역할도 해. 하지만 국회에서 하는 가장 중요한 일은 법을 만드는 일이야. 그래서 국회를 '입법부'라고 불러. 국회가 법을 만들 때는 그 법이 헌법과 국민의 뜻에 맞아야 하고, 정해진 절차에 따라야 한단다.

　법을 만드는 절차를 알아볼까? 새로운 법이 필요하거나 이미 만들어진 법에서 고쳐야 할 부분이 생기면 정부나 국회는 먼저 법률안을 제출해야 해. 제출된 법률안은 국회에서 두 번의 심사를 거치고 국회 본회의에서 찬반 투표를 통해 채택 여부를 결정하게 되지. 채택된 법률안은 대통령의 공포를 거쳐 효력을 발휘하는 게 보통이지만, 그 법률안을 대통령이 거부할 수도 있어. 그렇게 되면 국회에서 한 번 더 찬반 투표를 해야 한단다.

법률안
법률이 될 사항을 정리하여 국회에 제출하는 문서.

공포
이미 확정된 법률, 조약 등을 일반 국민에게 널리 알리는 일.

세계 최초의 법은?

　세계에서 가장 오래된 법전은 '우르남무 법전'으로 알려져 있어. 기원전 2100년경 메소포타미아 문명 사람들이 점토판에 수메르어로 새겨 놓은 법전이야. 수메르어는 쐐기처럼 생겨서 쐐기 문자라고도 하지.

　법전에는 '살인을 저지른 사람은 사형되어야 한다', '도둑질을 하면

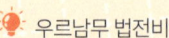 우르남무 법전비

사형될 것이다', '도망간 노예를 주인에게 돌려보내는 사람에게는 노예의 주인이 돈을 주어야 한다'와 같이 당시 사람들의 생활에 필요한 내용이 기록되어 있어.

이야기 속에서 등장한 함무라비 법전은 '눈에는 눈 이에는 이'라는 원칙으로 유명해. 기원전 1800년경 함무라비 왕이 만들었지.

이렇게 누구든 볼 수 있도록 문서로 만들어 놓은 법을 성문법, 문서의 형식을 갖추지 않았으나 관례로 인정되는 법을 불문법이라고 한단다. 우리나라 역사에서 가장 먼저 만날 수 있는 성문법은 고조선의 8조법이야. 이 중 지금까지 전해 오는 것은 '사람을 죽인 자는 사형에 처한다', '남을 다치게 한 자는 곡식으로 배상한다', '도둑질한 자는 물건 주인집의 노예가 되어야 한다' 세 조항뿐이지.

함무라비 법전비

투표를 통해 시민의 의사를 표현해요

선거와 민주주의

🌐 **기원전 5세기, 아테네**

고대 그리스의 도시국가 중 하나인 아테네는 기원전 1000년부터 약 500년간 문화 발전과 민주주의 실현을 통해 서양 문명의 기반이 되었어. 오늘날 그리스의 수도이기도 하단다.

도자기 조각이 소중한 한 표!

  키몬은 염소젖에 적신 보리빵을 허겁지겁 입에 밀어 넣으며 자리에서 일어났어. 엄마의 목소리가 키몬을 놓칠세라 뒤따라왔지.
  "멀리 가지 마라. 어제처럼 늦게 들어왔다간 저녁밥 없을 줄 알아!"
  "알았어요!"
  키몬은 건성으로 대답하며 달려 나갔어. 골목에선 한참 전부터 아이들이 웅성거리는 소리가 들려 왔지. 요즘 아이들 사이에 고리 던지기 게임이 유행이야. 오늘도 아라토스와 히파소스 쌍둥이 형제를 비롯해 피로스, 메난드로스, 제논까지 모여 있었어. 키몬을 발견한 아라토스가 어서 오라며 손을 흔들었어.

"어제랑 똑같이 짝지어! 내가 복수해 줄 테니까!"

시작하기 전부터 키몬이 씩씩거렸어. 별생각 없이 던진 말 때문에 지금까지도 어깨며 허리가 쿡쿡 쑤시는 걸 생각하면 당연했지.

어제, 아이들이 모여 고리 던지기를 시작할 때 키몬이 제안했었어.

"이긴 팀이 진 팀을 업어 주자!"

"업고 프닉스 언덕까지 갔다 오는 거 어때?"

제논이 얼른 키몬의 말을 받았어. 아이들은 제각기 자기가 업힐 상상을 하며 좋다고 했지. 그런데 막상 시합이 시작되자 키몬의

고리는 번번이 엉뚱한 곳으로 나가떨어졌고 결국 통통한 제논을 업는 벌칙을 당하고 만 거야.

복수를 외치며 고리를 집어 드는데 테아노의 아빠가 아이들 곁을 지나며 한마디 했어.

"다투지 말고 재미있게 놀아라!"

아이들은 꾸벅 인사를 했지. 테아노 아빠가 저만치 가자 제논이 말했어.

"테아노 아빠도 민회 가시나? 우리 아빠는 오전에 가셨는데."

"저 아저씨는 밀레토스 출신이잖아. 민회는 아테네 출신 시민들만 참석할 수 있는 거 몰라?"

그래서인지 키몬의 눈에는 골목을 빠져나가는 테아노 아빠의 어깨가 축 처진 것처럼 보였어. 한편으론 아침에 민회에 대해 투덜거리던 아빠 모습도 떠올랐지.

"민회에서 의견을 나누고 정책을 결정하는 것도 좋지만 1년에 40번이나 하는 건 너무 하잖아? 도대체 일을 할 수가 없다니까."

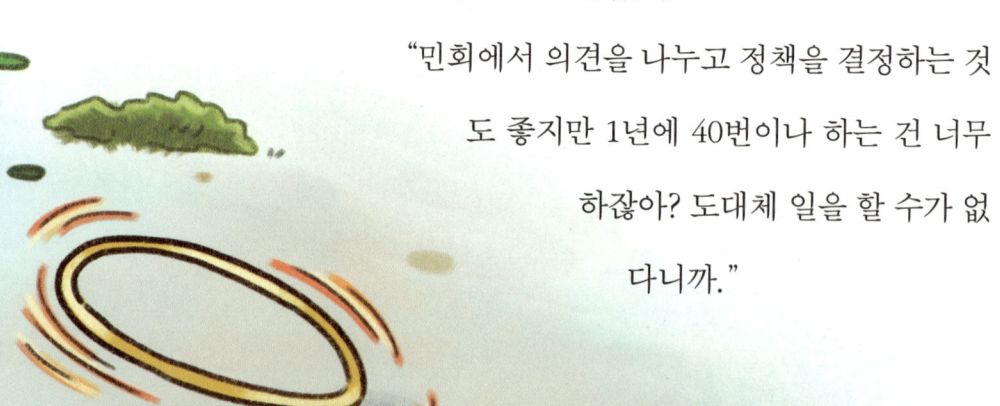

아빠의 말에 엄마가 피식 웃으며 말했어.

"올리브 농장 일이며 가게 일은 노예들이 다 하잖아요. 게다가 민회에 참석해서 의사 표현도 하고 수당도 받는데 그걸 왜 안 가요? 내가 갈 수만 있다면 매일이라도 가겠네."

가만히 듣고 있던 동생 헬레나가 물었어.

"엄마는 민회 못 가요?"

엄마가 여자는 참여할 수 없고 노예나 외국인도 마찬가지라고 하자 헬레나는 왜 그런 거냐고 물었어.

"민회는 아테네의 정책이나 나라 살림에 대해 투표도 하고 관리 추방과 같이 중요한 일을 결정하기 때문에 아테네 시민인 남자들이 모여서 하는 거란다."

아빠의 설명이 마음에 안 드는지 헬레나는 입을 삐죽거렸어.

아침에 있었던 일을 생각하는데 제논이 키몬의 어깨를 툭 쳤어.

"네 차례야. 무슨 생각을 그렇게 하냐? 그건 그렇고, 투키디데스 장군이 추방당할지도 모른다던데? 오늘 민회 투표에서 투키디데스의 이름을 쓴 도자기 조각이 6천 개 이상이 나오면 아테네에서 10년간 추방당한대."

투키디데스 장군은 페리클레스 장군과 의견이 다른 사람으로 알려져 있었어. 키몬의 아빠도 그 일을 걱정했었지. 투키디데스는 페리클레스가 주변 동맹국들이 모은 기금을 함부로 사용한다며 비난했고, 이로 인해 두 사람 사이에 논쟁이 벌어졌다는 소문도 있었어.

"10년 동안 추방이라니 생각만 해도 끔찍하다!"

"어때? 여기저기 여행하고 놀다 오면 되지 뭐!"

태평쟁이 제논이 걱정도 팔자라며 말했어. 키몬은 제논이 '추방'의 뜻을 모르는 게 분명하다고 생각했지. 제논이 말한 것처럼 10년만 지나면 돌아올 수 있고, 재산도 돌려받을 수 있는 건 맞는 말이야. 하지만 아테네를 떠나 아는 사람도 없이 다른 나라를 떠도는 상상만 해도 키몬은 한숨이 나왔지.

정신 차리고 고리를 던졌지만 이번에도 헛손질이었어. 도대체 오늘 왜 이러는 걸까 또 한숨. 그런데 메난드로스가 고리를 던지려다 말고 엉뚱한 소리를 했어.

"이다음에 어른이 되면 난 민회 안 갈 거야. 다른 사람들이 다 알아서 할 텐데 귀찮게 뭐하러 가? 나 하나쯤 빠진다고 아테네가 망할 것도 아니잖아."

"사람들이 다 나 하나쯤 안 가도 되겠지 하다가 나쁜 마음을 먹은 사람이 나타나서 제멋대로 정치를 하면 어떻게 해? 그런 일도 막고 자신이 무엇을 원하는지 의사 표현을 하자는 뜻에서 민회를 여는 건데, 참여 안 하는 사람은 아테네 시민 자격이 없는 거야."

키몬이 아침에 엄마에게 들은 말을 그대로 옮겼지만 메난드로스는 끄덕도 하지 않았어.

"의사 표현을 안 하겠다는 것도 의사 표현 아니야? 난 그걸 하겠다는 거라고!"

맞는 것도 같고 아닌 것도 같은 메난드로스의 말에 아이들은 아리송한 표정이었지. 어느새 노을이 붉게 물들기 시작했어. 아이들은 다시 고리 던지기에 불을 붙였지. 키몬은 오늘도 제 솜씨를 발휘하지 못했어.

"어제처럼 프닉스 언덕까지 가는 거 맞지? 자, 얼른 업어!"

키몬의 등에 매달리며 제논이 킥킥거렸어. 업고 업힌 아이들이 걸어가는데 민회가 끝났는지 프닉스 언덕 쪽에서 사람들이

　우르르 내려왔어. 사람들 틈에 끼어 아이들은 더 이상 앞으로 나갈 수가 없었지.
　아쉬움에 쩝쩝거리며 제논은 키몬의 등에서 내려왔어. 그나저나 투키디데스 장군은 어떻게 되는 걸까?

속닥속닥 정치 이야기

부모님이 나란히 투표장으로 가는 모습을 본 적이 있는 친구라면 키몬의 아빠만 민회에 참석하는 게 좀 이상했을 거야. 세계 최초로 민주 정치를 시행한 고대 아테네에서 여자와 노예, 외국인은 민회에 참석할 수 없었어. 그렇다면 오늘날 우리나라나 다른 나라의 투표 제도는 어떨까?

민주주의의 꽃, '선거'

우리나라는 민주주의 국가야. 민주주의 국가란 국가의 주권이 국민에게 있는 나라야. 그러니까 국민이 나라의 주인이라는 뜻이고 정치는 국민을 위해서 이루어져야 해.

민주주의 국가에서 국민들이 직접 의사를 표시하는 투표는 아주 중요해. 국회의원이나 대통령과 같이 국민을 대표해 정치를 하게 될 대표자를 선출하는 과정에서 자신이 지지하는 후보를 선택하거나, 국가의 중대사에 대해 모든 국민의 의견을 물을 때에 찬성 또는 반대 의견을 표시하는 절차가 바로 투표거든.

투표는 원칙적으로 다른 사람이 볼 수 없도록 투표용지에 의사를 표현해야 해. 귀찮다고 투표를 안 하거나 아무에게나 표를 던지면 자신이 원하는 대로 나랏일이 진행되지 않을 뿐만 아니라 잘못된 방향으로 가게 될 수도 있어.

💡 이야기 속에 등장하는 투키디데스 장군은 스파르타와의 전투에서 패하는 바람에 재판을 받고 추방 선고를 받았지. 재판은 민회 때 시민들이 모여 추방하고자 하는 인물의 이름을 도자기 조각에 적어 투표하는 방식으로 진행되었어.

우리나라의 투표와 선거는 어떻게 진행될까?

'투표' 하면 4년에 한 번 있는 국회의원 선거와 5년에 한 번 있는 대통령 선거를 떠올리는 사람이 많을 거야. 국민의 대표로서 법률을 만드는 국회의원 선거를 통해 선거를 좀 더 자세히 알아볼까?

우리나라에서는 모든 선거가 '공직선거법'에 정해진 규정에 따라 시행된단다. 국민을 대표하고 나라 살림을 꾸려 갈 인물을 뽑는 것이니 만큼 선거는 공정하고 평등하게 치러져야 하기 때문이지. 우선, 국회의원이 되고자 하는 사람은 선거법을 위반하지 않은 한 만 25세 이상 국민이면 누구나 선거에 출마할 수 있어. 국회의원을 뽑는 선거권은 만 19세 이상 국민 모두에게 있지.

선거는 투표 방식에 따라 직접선거제와 간접선거제로 나뉘는데 우리나라의 국회의원 선거나 대통령 선거는 직접선거 방식으로 치러진단다.

국회의원 선거일은 전임 국회의원의 임기가 만료되기 전 50일을 기준으로 처음 오는 수요일에 시행하도록 정해져 있어. 우리나라 헌법에 따르면 국회의원의 임기는 4년이고, 국회의원 수는 300명이야. 지역구에서 선출된 253명과 정당의 득표수에 따라 배분하는 비례대표 의원 47명으로 구성되어 있지. 그래서 국회의원 선거를 할 때에는 지역구 후보자에게 1표, 정당에게 1표를 행사한단다.

국회의원 선거 절차를 살펴볼까? 먼저, 선거에 출마할 후보자들이 후보자 등록을 해. 그리고 나서 후보자들은 선거 운동을 시작하지. 유권자들을 직접 찾아다니거나 선거 연설, 토론회 등에 참석해 자신이 어떤 사람이고 어떤 국회의원이 되고 싶은지 열심히 알리는 것이야.

> **직접선거제**
> 선거권을 가진 사람이 직접 투표하여 대표자를 뽑는 선거 방식.

> **간접선거제**
> 선거권을 가진 사람은 선거인단을 뽑고, 그 선거인단이 대표자를 뽑는 선거 방식.

> **유권자**
> 선거권을 가진 사람.

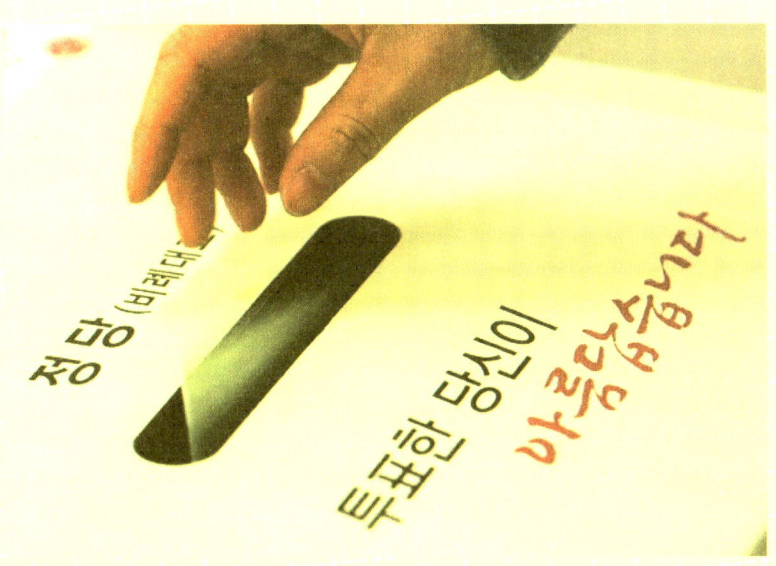

💡 선거는 투표를 통해 대표자를 뽑는 것을 말하고, 투표는 유권자가 자신의 의사를 투표용지에 표시하여 투표함에 집어넣는 것을 말해.

선거일이 되면 유권자들은 신분증을 가지고 정해진 투표 장소로 가서 본인인지 확인을 받고 투표용지 2장을 받아. 남들이 볼 수 없도록 가려진 기표소에 들어가서 뽑고 싶은 지역구 후보 이름 옆에 투표 도장을 찍고, 정당 투표용지에도 표기한 후 잘 접어서 투표함에 넣으면 투표는 끝나지. 투표 마감 시간이 되면 전국의 투표함을 모아서 개표를 해. 가장 많은 표를 얻은 사람을 지역구 국회의원 당선자로 발표하고 전국 득표수에 따라 각 당의 비례대표 국회의원 숫자를 발표하면 국회의원 선거 절차는 완료되는 거야.

국민을 지켜 주는 국가

국가의 역할

🌐 2세기, 로마

로마는 기원전 8세기경 테베레 강가에서 작은 도시국가로 시작되어 2세기에 전성기를 맞았어. 이후 동·서 로마로 분할되고 서로마, 동로마의 순서로 멸망하는 과정을 겪게 되지. 현재 '로마'는 이탈리아의 수도란다.

국가가 우리를 보호해 준답니다.

똑똑!

발레리아가 들어오라고 대답하기도 전에 소피아가 방문을 벌컥 열었어.

"아가씨, 일어나세요. 늦잠 잘 시간 없어요. 오늘 장군님 돌아오시는 거 알죠."

소피아의 잔소리에 발레리아는 이불을 걷어 올리며 벌떡 일어났어. 게으름을 피우다 개선 행군을 하는 아빠의 얼굴을 못 보면 안되니까.

"소피아, 빨리빨리!"

발레리아는 고양이 세수로 대충 씻고는 옷을 갈아입혀 주는 소피아에게 빨리하라고 재촉하며 야단이었어.

"괜찮아요. 아직 시간 있어요. 점심때나 돼야 로마로 들어오실 거래요."

그날 점심때까지 발레리아 가족은 아빠를 맞을 준비에 정신이 하나도 없었어. 평소 집안일은 전부 노예들에게 맡겨 두던 엄마도 전쟁터에서 1년여 만에 돌아오는 아빠를 위해 칼라마레티를 직접 만들었어. 아빠가 제일 좋아하는 음식이거든. 오징어에 튀김 가루를 입혀 올리브 기름에 튀겨 내자 고소한 냄새가 진동을 했어. 칼라마레티라면 자다가도 깨는 발레리아가 하나만 달라고 졸랐지만 엄마는 손도 대지 못하게 했어.

분주하게 저녁 만찬 준비를 마치고 발레리아 가족은 광장을 향해 나섰어. 소피아를 비롯해 다섯 명의 하녀가 달라붙어 엄마와 발레리아, 동생들의 치장을 마친 뒤였지.

광장에 도착했을 때는 이미 군인들의 행군이 시작된 후였어. 엄마를 졸라 주스를 한 잔씩 사서 마시며 아빠를 기다렸지. 행군을 본 적은 많았지만 아빠가 주인공이라 생각하니 발레리아는 가슴이 쿵쾅거리고 손에 든 컵이 흔들릴 정도로 떨렸어.

군인들을 향해 박수를 치던 사람들이 갑자기 아빠의 이름을 부르며 환호하기 시작했어. 발레리아도 사람들을 따라 아빠를 부르며 팔짝팔짝 뛰었지. 아빠가 전쟁에서 승리해 로마의 속주를 늘리는 데 크게 한몫했다며 사람들이

속주
나라의 영토 일부로 속한 마을.

만세를 불렀어.

　드디어 마차 위에 선 아빠의 모습이 보이고 발레리아는 열심히 손을 흔들며 아빠를 불렀어. 복잡한 틈에서도 발레리아의 목소리를 알아들은 아빠는 눈인사를 건넸어. 건강해 보이는 아빠의 모습에 발레리아 가족은 기분 좋게 집으로 돌아왔지.

황제를 뵙고 전쟁에 대한 보고까지 하느라 아빠는 몇 시간이 지나서야 집으로 올 수 있었어. 대문을 열고 들어오는 아빠를 향해 우르르 달려 나가던 아이들이 우뚝 멈춰 섰어. 아빠 옆에 낯선 아저씨가 서 있었거든. 아빠가 소개를 했지.

"돌아오는 길에 우연히 만나 친구가 된 루키우스 아저씨다. 인사드려라!"

주춤거리던 발레리아와 동생들이 꾸벅 절을 했어.

"만나서 반갑다. 난 아프리카에서 온 루키우스야. 앞으로 잘 부탁한다."

아저씨는 조금 서툰 발음으로 인사를 했어. 낯선 아저씨 때문에 아이들은 아빠와 눈인사밖에 못 했어. 아빠는 가정 교사인 퀴투스를 불러 루키우스 씨와 함께 서재로 들어갔어.

발레리아는 공부방으로 가서 퀴투스를 기다렸지. 기다리다 지쳐 늘어지게 하품을 할 무렵이 되어서야 퀴투스가 돌아왔어.

"무슨 일이야? 아빠가 왜 부른 거야?"

호기심에 졸음은 저만치 달아났어. 발레리아는 퀴투스 앞으로 의자를 끌어당겨 앉으며 물었어.

"장군님께서 루키우스 씨가 살 집을 알아보고 자리를 잡도록 도와드리라고 하셨어요. 장군님이 직접 나설 수는 없으니까요."

"그런데 그 아저씨는 왜 여기로 온 거야? 로마가 고향보다도 더 좋은가?"

발레리아는 루키우스 아저씨의 마음을 이해할 수 없었어.

"아가씨는 로마의 보호 아래 태어나서 살고 있으니까 국가가 얼마나 중요한지 모르는 거예요."

퀴투스는 눈을 감은 채 골똘히 생각에 잠겨 있다가 다시 입을 열었어.

"생각해 보세요, 루키우스 씨가 살던 아프리카나 우리 아버지가 살았던 게르만에서 아가씨가 태어났다면 지금처럼 편안하게 살 수 없었을 거예요. 다른 나라가 쳐들어올까 봐 불안에 떨 수도 있고, 가난한 집에서 태어났다면 살기는 더욱 고달팠겠지요. 로마에서는 가난한 백성들에게 곡식도 나눠 주고 돈도 주면서 굶지 않도록 돌봐 주지요. 수도 시설이나 도로가 잘 만들어져 있으니 생활도 편리하고요. 또 시민들은 나랏일을 의논하기도 하고 투표로 의사를 표현하기도 하잖아요. 그게 다 국가가 있고 통치자인 황제가 정치를 잘해야 가능한 일이랍니다."

퀴투스는 자신이 로마 시민이라는 게 자랑스럽다고 했어.

"우리 아버지는 게르만에서 잡혀 와 노예로 살았어요. 하지만 전 로마에서 태어났기 때문에 로마 시민이 될 수 있었지요. 저는 로마에 충성하는 시민이 될 거예요."

발레리아는 여전히 궁금한 점투성이였지.

"하지만 국가가 없으면 내 마음대로 해도 되고 세금도 안 내니까 그게 더 좋은 거 아니야?"

퀴투스가 말했어.

"사람이 살다 보면 혼자 힘으로 해결하지 못하는 일들이 아주 많아요. 그런 일을 나서서 해결해 주는 게 국가예요. 물론 통치자가 나쁜 사람이라면 국민들은 행복하게 살 수 없을지도 모르지요. 그러나 로마 역사 천 년 동안 많은 사람들이 나라를 잘 다스리고 좋은 나라로 만들 방법을 찾기 위해 노력했으니 앞으로도 잘할 거예요."

"어떤 방법을 찾았는데?"

"그러니까 거의 천 년 전쯤이었어요……."

퀴투스는 이참에 로마의 역사와 정치에 대해 공부하자며 이야기를 시작했어. '공부라면 고개를 절레절레 젓던 발레리아 아가씨의 눈빛이 반짝이는 이 순간을 놓치지 말아야지.' 하면서 말이야.

속닥속닥 정치 이야기

살던 나라가 하루아침에 없어지거나 국가의 통치자가 국민의 안전이나 행복에 아무 관심이 없다면 그 나라 국민들의 일상은 너무나 불안할 거야. 국민의 삶에 큰 영향을 주는 '국가'에 대해 알아보자.

국민을 위한 '국가', 국가를 위한 '국민'

국가는 정해진 영토 안에서 주권을 가진 국민들이 모여 사는 공동체를 말해. 따라서 영토가 없거나 국민이 없거나 국민에게 주권이 없으면 국가라고 할 수 없어. 물론 이런 생각은 왕이 다스리던 옛날이 아니라 오늘날 받아들여지는 국가의 의미란다. 왕이 나라를 다스리던 때에는 국가의 주인은 왕이라고 생각했어. 그래서 텔레비전 사극을 보면 "과인의 나라", "나의 백성" 같은 말이 나오곤 하는 거야. 하지만 오늘날 대부분의 국가는 국민에게 주권이 있는 민주주의 국가가 되었어. 그렇다면 국가의 역할은 무엇일까?

국가의 첫 번째 역할은 국민의 자유와 안전을 보장해 주는 거야. 국가는 전쟁이나 각종 재난으로부터 국민을 보호하고, 정해진 법에 따라 개인 간에 생긴 문제를 해결하는 기준을 정해 주거나 죄를 지은 사람을 처벌하기도 하지.

"짐이 곧 국가다!"라는 말로 유명한 프랑스의 왕 루이 14세(1638~1715)의 초상화야. 국왕의 권력은 신으로부터 주어진 것이므로 국민이 이에 간섭할 수 없다는 '왕권신수설'이 받아들여지던 시절, 국가의 모든 것은 왕의 소유나 마찬가지였지.

국가의 또 다른 역할은 국가 안에 살고 있는 대부분의 구성원이 편안하고 행복하게 살 수 있도록 돕는 거야. 도로를 만든다거나 형편이 어려운 사람들의 생활비를 보조해 주는 일 등이 이에 해당되지.

국가가 이런 일을 하는 동안 국민은 가만히 있어도 될까? 그렇지 않아. 국가가 역할을 다하려면 국민들의 도움과 참여가 필요해. 국민들은 정한 기준에 따라 세금을 내서 나라 살림이 가능하도록 하고, 정해진 법을 준수하는 등 국민이 지켜야 할 의무를 다해야 해. 그렇지 않으면 국가는 강제력을 발휘해 국민을 제재할 수 있어. 그러니까 국가의 주인은 국민이 맞지만

세금
국가나 지방단체가 필요한 경비를 충당하기 위해 국민으로부터 거두어들이는 돈.

주인들이 의무를 다하지 않으면 국가에서 벌을 줄 수도 있다는 거야. 현재 법으로 정해진 대한민국 국민의 의무는 '납세의 의무, 국방의 의무, 교육의 의무, 근로의 의무, 환경 보전의 의무'가 있단다.

대한민국 정부 수립

우리 역사는 반만 년이라는 긴 시간 동안 왕이나 황제가 다스리는 나라를 거쳐 왔어. 하지만 대한민국은 민주주의 국가라는 점에서 이전의 나라들과 완전히 다르단다. 대한민국 정부가 어떻게 수립되었는지 자세히 살펴보자.

일제강점기에서 벗어나 해방이 된 후 우리나라는 미국과 소련의 신탁통치에 대해 찬성과 반대로 나뉜 사람들이 갈등하며 혼란스러운 시간을 보냈어. 그러다 1947년 유엔에서 인구 비례에 따라 남북한 총선거를 통해 통일 정부를 수립하기로 결의가 되었어. 하지만 소련은 유엔의 한국 임시 위원단이 북한에 들어오는 것을 거부했지. 결국 가능한 지역만 선거를 하는 것으로 결정되면서 남한만의 단독정부가 수립될 위기에 처했단다. 이에 김구를 비롯한 몇몇 지도자는 남북 정치 지도자 회담을 제안하고 평양에서 회의를 개최하는 등 단독정부 수립을 반대하였어. 하지만 1948년 5·10 총선거를 통해 남한에 국회가 만들어지고

1948년 8월 15일, 이승만 대통령이 대한민국의 정부 수립을 선포하는 장면이야.

헌법이 공포되었지. 헌법에 따라 선출된 이승만 대통령은 1948년 8월 15일 대한민국 정부의 수립을 국내외에 선포하였어. 북쪽에서도 비슷한 시기에 총선거를 거쳐 김일성을 수상으로 하는 조선민주주의인민공화국(북한)이 출범했지. 이로써 한반도는 남북한 두 나라로 분단되어 70년이 지난 지금까지도 통일되지 못하고 있단다.

더 많은 나라와 교류하기 위해 떠난 해외 원정

외교

🌐 15세기, 명나라

명나라는 1368년~1644년에 있었던 중국의 옛 왕조야. 1402년, 명나라의 황제 영락제는 전 세계의 많은 나라와 교류하며 자유로운 무역도 할 수 있기를 바랐어. 그래서 환관 정화를 태감에 임명하고 여러 차례에 걸쳐 해외 원정을 보냈지.

아버지, 무사히
돌아오세요……

　　말라카(말레이시아에 있는 항구 도시, 믈라카의 옛 이름)에 도착했다. 참파(지금의 베트남 남부에 있던 나라)와 수마트라(인도네시아 서부에 있는 섬)를 거쳐 오랜 항해 끝에 도착한 곳이다. 이곳 말라카는 이미 우리 나라와 교류가 있던 나라이니 걱정할 일은 없을 것 같아 한결 마음이 놓인다. 태감님도 그러신지 안색이 편안해 보인다. 이 나라 왕과 대신들이 항구로 마중 나왔다. 화려한 예복을 갖춰 입은 모습을 보니 우리를 그만큼 대접하는 것 같아 어깨가 으쓱해졌다. 하긴 세계의 중심인 우리나라가 아닌가?

　　17년 전에 아버지가 써 놓은 글을 읽으니 괜스레 가슴이 찡해지면서 자성의 눈에 눈물이 맺혔어. 벌써 1년이나 아버지를 못 봤으니 그럴 만도 했지. 아버지가 정화 태감님과 함께 여섯 번째 원정에 나선 게 작년 이맘때였어.

다시 아버지의 글을 읽어 내려가는데 방문이 열리고 형이 들어왔어. 형은 어머니가 차려 놓은 점심상 앞에 앉더니 자성을 힐끔 쳐다봤어.

"아버지 일기 보는구나. 어려운 내용 있으면 형에게 물어. 다 가르쳐 주마!"

유치하게 동생 앞에서 잘난 척은. 속으로 쯧쯧 혀를 차며 자성이 대답했어.

"걱정 마. 내가 글을 얼마나 잘 읽는데. 어머니도 그랬어. 형보다 내가 낫다고."

형이 어이없는 표정으로 쳐다봤지만 자성은 모른 척 아버지의 글만 읽었어.

말라카 왕이 우리의 물건을 보관해 둘 수 있도록 성 가까이에 창고를 준비해 주었다. 덕분에 우리의 양식이며 앞으로 방문하게 될

나라에 나누어 줄 선물, 다른 나라에서 받은 예물 등을 보관하고 가볍게 움직일 수 있었다.

자성이 책에서 눈을 떼지도 않은 채 형에게 물었어.

"형, 말라카는 어디 있는 나라야? 우리나라한테 왜 이렇게 잘해 주는 거야?"

드디어 기회가 왔다는 듯 거드름을 피우며 형이 이야기를 시작했어.

"두 번 말 안 할 테니 잘 들어라. 말라카는 저 멀고 먼 바다 건너에 있는 나라인데 전부터 우리나라와 친했어. 1차 원정 이후에 훨씬 가까워져서 말라카에서 우리나라로 사신이 온 것도 여러 번이야. 우리도 원정 때마다 말라카의 도움을 받고 있지."

"그러니까 그렇게 먼 나라에서 뭐하러 우리랑 친하게 지내려 하냐고?"

답답하다는 듯 자성이 목소리를 높였어.

"친하게 지내서 나쁠 거 없잖아. 더구나 우리나라처럼 큰 나라와 교류하면 우리나라에서 만드는 물건들을 그 나라에서 사다

쓸 수도 있고. 우리만큼 많은 물건을 잘 만드는 나라는 세상에 없을걸."

형은 태감님이 이끄는 함대가 다른 나라로 가서 비단, 책, 자기와 같은 우리나라의 물건을 선물하거나 파는 것, 금과 은으로 그 나라 물건을 사는 것 모두 양쪽 나라에 이익이 된다고 말했어.

"너, 전에 다른 나라에서 온 기린 봤잖아. 원정이 아니면 그런 신기한 동물을 어떻게 보겠어? 그런 것도 이익이라고 할 수 있지."

형은 꺼억 트림을 남기고 가게로 나갔어. 자성은 손부채질을 하며 다시 아버지의 책을 읽기 시작했지.

잠시 후 어머니가 방으로 들어왔어. 어머니는 아버지의 일기를 읽는 자성이 기특하다며 머리를 쓰다듬었지.

"아버지는 언제 오세요? 글도 재미있지만 직접 듣고 싶어요. 궁금한 게 너무 많아요."

"아버지가 이번 원정은 1년 좀 넘게 걸릴 거라 했으니 조만간 오실 거야."

자성은 다시 한번 어머니에게 물었어.

"원정 나가는 게 중요한 거예요? 주변 나라하고만 친하게 지내면 되지 뭐하러 그렇게 먼 곳까지 가요?"

어머니가 자성 앞에 앉으며 말했어.

"아버지에게 들은 이야기인데, 언젠가 나간 원정에서 진랍(8~9세기경 타이에 있던 나라)이라는 나라에 들렀었대. 그곳에서 진랍 왕을 만났는데 그러더래. 예전에 참파가 진랍을 공격하려 할 때 우리나라에서 군대를 보내 주어 정말 고마웠다며 앞으로도 좋은 관

계를 유지하자고. 왕은 당연히 우리 사신들을 잘 대접했지. 덕분에 원정대는 우리나라의 자기와 비단을 그 나라의 특산물인 상아와 코뿔소 뿔로 교환할 수 있었단다."

"그러니까 어머니가 다른 가게 사람들과 돕는 것처럼 나라끼리도 그런 거네요?"

자성의 말에 어머니는 고개를 끄덕였어. 그러더니 안방에서 상자 하나를 들고 왔어.

"이것 좀 봐라. 아버지가 너 주려고 모아 두신 거야."

1차 원정 때부터 하나씩 모아 오신 기념품이라고 했어. 그때 자성은 아직 태어나기도 전이었는데 말이야.

자성이 상자 뚜껑을 열어 보니 위에 놓인 두루마리가 먼저 눈에 띄었어. 그 아래 자그마한 돌멩이며 조개껍데기 같은 예쁜 물건들이 들어 있었지. 조심스레 물건을 살펴보던 자성이 내려놓았던 두루마리를 펼쳤어. 아버지가 써 놓은 편지였지.

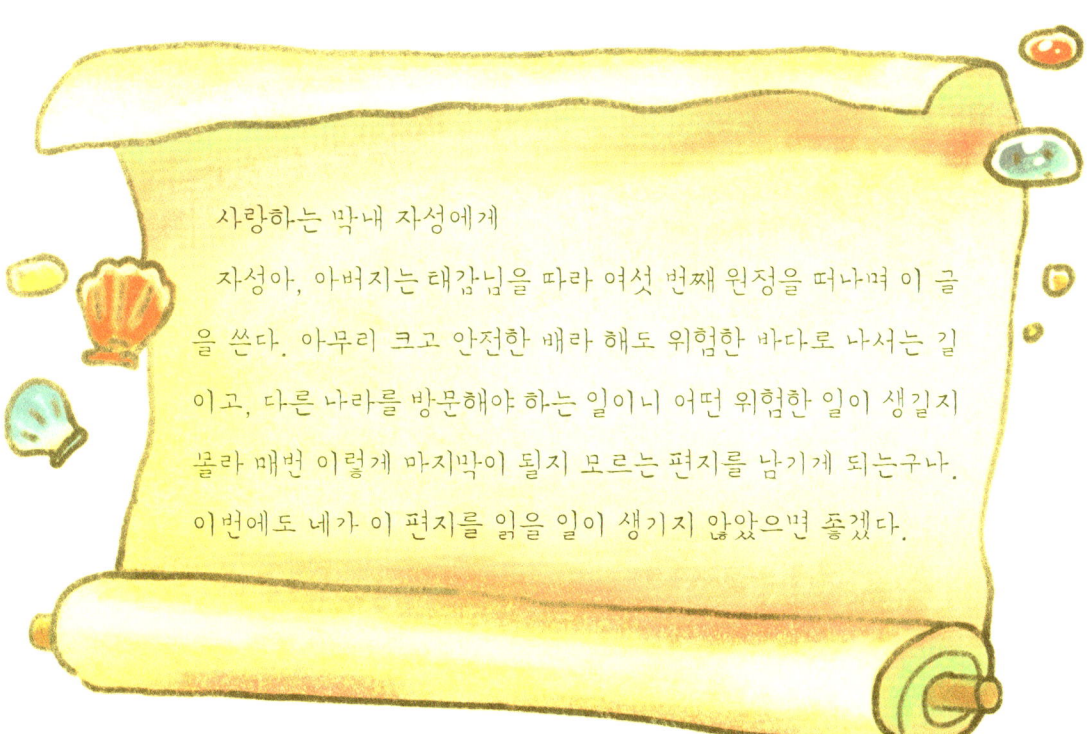

사랑하는 막내 자성에게

자성아, 아버지는 태감님을 따라 여섯 번째 원정을 떠나며 이 글을 쓴다. 아무리 크고 안전한 배라 해도 위험한 바다로 나서는 길이고, 다른 나라를 방문해야 하는 일이니 어떤 위험한 일이 생길지 몰라 매번 이렇게 마지막이 될지 모르는 편지를 남기게 되는구나. 이번에도 네가 이 편지를 읽을 일이 생기지 않았으면 좋겠다.

아버지가 유언처럼 남긴 편지라 생각하니 자성의 눈에서 순식간에 눈물이 쏟아졌어. 정말 아버지가 죽기라도 할까 봐 더 이상 읽지 말까 싶은 생각도 들었지. 하지만 자성은 아버지의 마음을 알고 싶어져서 눈물을 훔쳐 내고 다시 편지를 펼쳤어.

그때였어. 밖에서 어머니가 다급한 목소리로 자성을 불렀어.

"자성아, 자성아! 아버지 오신단다. 어서 나가 보자!"

아버지라는 소리에 자성은 벌떡 일어나 밖으로 나갔어. 아버지의 유언장이 될 뻔했던 편지가 툭 바닥에 떨어졌어.

속닥속닥 정치 이야기

국가 간의 관계는 현대로 올수록 보다 더 밀접해졌어. '지구촌'을 넘어 '지구집'이라는 말이 생겨날 정도로 말이야. 한 나라, 한 마을처럼 깊은 관계를 맺고 살아가는 여러 나라 간에 전쟁과 같은 무력을 피해 문제를 해결할 수 있는 가장 좋은 방법이 외교란다.

국가와 국가 사이의 정치, '외교'

'외교'란 다른 나라와 정치적·경제적·문화적 관계를 맺는 일이야. 사전에서는 외교를 '국제 관계를 교섭으로 처리하는 행위'라고 설명하고 있어. 그러니까 외교는 다른 나라와의 사이에 생기는 문제를 해결하거나 다른 나라와 다양한 관계를 맺는 것, 그 관계를 통해 자기 나라의 목적을 달성하는 일이야. 한마디로 '나라 밖의 정치'라고 생각하면 돼. 나라 안의 문제를 해결하는 정치도 중요하지만 요즘처럼 다른 나라와의 관계가 중요할 때는 나라 밖의 정치도 매우 중요해. 따라서 외교는 대통령을 비롯한 정치인들의 중요한 업무 중 하나야.

일반적으로 외교라고 하면 함께 논의하여 서로 원하는 것을

> **교섭**
> 어떤 일을 이루기 위하여 서로 의논하고 절충하는 일.

💡 정화가 아프리카에서 데려온 목이 긴 동물에게 명나라 사람들은 상상 속 동물의 이름이었던 기린이라는 이름을 붙여 주었어. 이것이 오늘 우리가 아는 기린 이름의 기원이라고 해.

협상하고 절충하는 교섭을 의미한단다. 국가 간의 문제를 해결하는 방법에는 전쟁이나 경제적 제재 등의 방식도 있어. 하지만 이런 방식은 한 나라 또는 해당 국가 모두에게 피해를 주지. 이에 반해

💡 조선 시대에 일본으로 파견된 통신사 행렬 장면이야. 400~500명의 통신사가 일본을 방문하면 1만여 명의 일본인들이 이들을 성대하게 맞이하곤 했대.

교섭을 통한 외교는 서로 조금씩 양보하며 협상함으로써 양쪽이 모두 피해를 줄이고 이익을 늘리기 위해 노력한다는 점에서 긍정적이야.

　우리 역사에서도 외교와 관련된 행사를 종종 찾아볼 수 있어. 삼국 시대뿐만 아니라 고려, 조선에 이르기까지 중국에 사신을 보내거나 중국에서 오는 사신을 맞고 대접하는 일, 조선에서 일본으로 통신사를 보냈던 것도 모두 외교란다. 중국이나 일본이 좋아서라기보다 서로 잘 지내야 갈등도 줄이고 급할 때는 서로 도울 수 있으니까 많은 비용이 들더라도 중요한 순간마다 사신이 오간 거야.

통신사
조선 시대에 일본으로 보내던 사신.

외교를 담당하는 외교관

모든 나라에는 외교를 담당하는 부서가 있어서, 외교 관계를 맺은 나라에 외교관을 파견해 다양한 업무를 보게 하고 있어. 대통령들 간의 정상회담이나 국제회의와 같이 정치인들이 외교에 참여하기도 하지만 실질적인 외교 업무는 외교관들이 맡고 있지. 외교관들은 개별 국가나 국제기구와 원만한 관계를 유지하기 위한 일을 하고, 해외 동포나 다른 나라를 여행하는 자기 나라 국민들과 관련된 업무도 처리한단다.

우리나라의 경우 외교부에서 근무하면서 외교정책과 관련된 업무를 담당하는 외교관과 세계 각국에 있는 우리나라 대사관에서 외교부의 지시를 받아 주재국과 관련된 외교를 담당하는 외교관이 있어.

> **주재국**
> 외교관이 국가의 명령을 받아 머물러 있는 나라.

💡 서울 종로구에 위치한 주한미국대사관과 미국 워싱턴 D.C.에 위치한 주미한국대사관이야. 국가를 대표하여 다른 나라에 파견된 외교관들은 국가의 의사를 주재국에 전달하고, 자국민을 보호하는 임무를 맡고 있어.

생각이 같은 사람들이 모인다

정당

🌐 **18세기, 영국**

1707년 영국과 스코틀랜드가 정식으로 통합한 후 스코틀랜드 출신 의원이 영국 의회에 참석하게 되었지. 이 시기에 휘그당의 지도자 월폴이 영국 최초의 총리가 되었으며, 1830년대까지 휘그당(자유)과 토리당(보수)이 번갈아 정권을 차지하는 시기가 이어졌어.

내 꿈은 정치인!

"메리, 빨리 좀 나와! 꾸물대면 나 혼자 간다."

"지금 나가. 스코틀랜드의 자존심이 있는데 아무렇게나 하고 나갈 수는 없단 말이야!"

오빠의 험상궂은 표정은 안중에도 없이 메리는 종알종알하며 방에서 나왔어. 드레스를 차려 입고 왕이라도 만나러 가는 차림새였지. 나오기만 하면 가만 안 두겠다며 씩씩거리던 윌리엄은 메리의 모습에 피식 웃고 말았어. 윌리엄은 공주님처럼 꾸민 메리와 함께 새로 이사 온 동네 구경에 나섰지.

골목길을 돌아 광장으로 나오자 윌리엄과 메리는 눈이 휘둥그레졌어. 북적이는 사람들과 분주히 오가는 마차가 가득한 런던

거리를 보고 있자니 전에 살던 에든버러는 작은 시골 마을처럼 느껴졌지.

기죽지 않으려고 일부러 어깨를 쭉 편 채 이리저리 둘러보는데 와자지껄 아이들 떠드는 소리가 들렸어. 윌리엄은 메리를 데리고 소리가 나는 골목을 향해 걸음을 옮겼어.

"니들, 나한테 잘해라. 수상이 될 몸이시다!"

"야, 로버트! 지겹다, 그만 좀 해라."

옹기종기 모여 앉아 이야기를 나누는 아이들을 보고 윌리엄이 조심스레 다가갔어.

"도대체 네가 어떻게 수상이 된다는 거냐? 이유나 들어 보자!"

큰소리치던 아이가 기다렸다는 듯이 대답했어. 정치인을 꿈꾸는 윌리엄도 귀를 쫑긋 세웠지.

"수상이랑 이름이 같잖아. 이게 보통 일이냐고!"

대답을 듣는 순간 윌리엄은 '풋!' 웃음을 터뜨렸어. 재빨리 손을 들어 입을 막았지만 피식 웃음소리가 새어 나왔지. 그 소리에 아이들이 고개를 들었어.

"넌 뭐야? 왜 남의 말에 함부로 웃는 거야?"

로버트가 벌떡 일어나 소리치며 다가왔어. 옆에 있던 아이들도 주춤주춤 따라왔지.

윌리엄이 숨을 크게 내쉬며 웃음을 가라앉히고 말했어.

"웃어서 미안해. 그런데 이름 때문에 수상이 된다는 말이 너무…… 큭!"

말을 끝내지 못하고 윌리엄이 다시 웃기 시작했어.

로버트가 윌리엄을 향해 주먹을 날렸어. 둘은 서로 멱살을 잡은 채 엎치락뒤치락 뒹굴었어. 메리는 비명을 질러 댔고, 아이들이 겨우 둘을 뜯어말렸지. 둘은 마음속으로 '두고 보자!'를 외치면서 한참을 노려보다가 그대로 돌아서고 말았어.

그렇게 윌리엄과 로버트는 첫 만남과 동시에 원수가 되었지.

윌리엄은 스코틀랜드에서 그랬던 것처럼 런던 아이들과 금세 친해졌어. 아이들은

윌리엄의 집에서 노는 걸 좋아했지. 윌리엄 엄마는 음식 솜씨가 좋은 데다 언제나 웃는 얼굴로 아이들을 맞아 주었으니까. 하지만 아이들이 윌리엄의 집에 뻔질나게 드나드는 동안 로버트는 단 한 번도 오지 않았어.

윌리엄이 중학교 입학 시험을 준비하느라 책과 씨름하고 있던 어느 날이었어.

"이튼 칼리지에 가려면 공부 열심히 해야 해. 스코틀랜드는 물론 아버지 망신을 시켜서는 곤란해, 후배님!"

아버지가 농담처럼 던지는 말이 자꾸 머리에 맴돌아서 윌리엄은 요즘 틈만 나면 책상 앞에 앉곤 했어. 오늘은 머리 아픈 과학책을 읽으며 끙끙대고 있었지.

"오빠, 오빠!"

메리가 벌컥 문을 열고 뛰어들어 왔어. 번쩍 졸음에서 깬 윌리엄이 무슨 일인지 물었지.

"아버지가 오라서. 그 있잖아, 수상 된다던 그 오빠가 왔어. 어떤 아저씨도 같이."

윌리엄이 벌떡 일어나 밖으로 나갔어. 서재로 가라는 메리의 외침이 뒤따라왔지.

메리의 말대로 서재에는 로버트가 있었어. 아버지 옆에 앉아 있는 아저씨는 로버트와 꼭 닮은 얼굴이었지.

"정치인이 되고 싶다는 제 아들 녀석입니다. 윌리엄, 인사드려라!"

윌리엄이 꾸벅 절을 하자 아저씨가 환하게 웃으며 인사를 받아 주었어.

"만나서 반갑다. 우리 아들과 친하게 지내면 좋겠구나. 이 녀석은 수상이 되겠다는 엄청난 꿈을 갖고 있단다."

윌리엄은 벌게진 로버트의 얼굴을 보고 삐져나오려는 웃음을 누른 채 악수를 청했어.

"난 윌리엄이야. 잘해 보자!"

로버트도 잠시 멈칫했지만 곧 손을 내밀었어.

"그래. 친하게 지내자!"

한 달 가까이 원수처럼 지냈던 게 무색할 만큼 둘은 단숨에 친구가 되었어. 아버지들처럼 말이지. 윌리엄과 로버트의 아버지는 둘 다 의회에서 일하는 의원이었어. 소속한 당은 다르지만 친구처럼 지내는 사이라면서 윌리엄과 로버트도 그렇게 지내라고 했어.

"당이 다르면 싸워야 하는 거 아니에요?"

로버트의 말에 윌리엄의 아버지가 대답했지.

"토리당과 휘그당이 싸우기만 하면 나라가 어떻게 돌아가겠니? 정당에 따라 생각이나 원하는 게 다를 수 있고 법을 만드는 과정에서 갈등이 생길 때도 있지만 그건 그때뿐이야. 양쪽 다 영국을 위해 일해야 하는 사람들인 건 분명하니까. 그건 정치인이라면 절대 잊지 말아야 할 일이야."

윌리엄과 로버트는 자신들이 의원이 되기라도 한 것처럼 아버지들의 이야기에 폭 빠졌어.

잠시 후, 문 밖에서 노크 소리가 들리고 윌리엄 어머니가 문을 열었어.

"너희들 간식은 윌리엄 방에 갖다 놓았다. 그리로 가서 놀렴."

윌리엄이 자리에서 일어나 로버트의 팔을 잡아당기며 말했어.

"너, 우리 엄마 케이크는 둘이 먹다 둘 다 죽어도 모를 정도인 거 모르지? 빨리 가자."

둘은 윌리엄의 방에 앉아 이튼 칼리지에 가서 어떻게 지낼지를 이야기하며 해가 지는 줄도 몰랐어.

속닥속닥 정치 이야기

국민 한 사람 한 사람이 원하는 것을 다 헤아리기도 어렵고, 모두가 원하는 대로 정치하기는 불가능해. 그래서 생각이 같은 사람들끼리 모여 정당을 만든단다. 그리고 자신들의 뜻이 정치에 반영되도록 하기 위해 권력을 차지하려 경쟁을 하고, 때로는 협력도 하지.

🫖 정치에 대한 같은 생각, '정당'

정당이란 정치에 대한 의견이 같은 사람들이 자신들의 이익을 위해 모인 집단을 말해. 혼자보다 여럿이 힘을 모아 의견을 표현하면 다른 사람들을 설득할 힘이 더 생기기 때문에 정당을 만드는 거야. 민주주의 국가에서는 누구나 정당을 설립할 수 있어. 법으로도 정당의 활동을 보장하고 있지.

정당의 목적은 권력을 획득하여 정부의 정책 수립이나 법안을 만들 때 힘을 발휘하는 데 있어. 그러려면 국회에서 의석을 많이 차지해야 하기 때문에 선거 때마다 정당을 중심으로 선거 운동이 벌어진단다. 하지만 정당이 자기들만의 이익을 위해 권력을 이용한다면 많은 국민들이 그 정당을 선택하지 않을 거야. 따라서 정당은 지지자들의 이익은 물론 공익성을 위해 일해야 해.

 세계의 정당

　정당은 민주주의가 시작된 영국에서 먼저 나타났어. 보수적인 성향을 띠고 지주 계급을 대변했던 토리당과 자유무역을 주장하는 휘그당이 영국에서 처음 등장한 정당이었지. 19세기가 되어 유럽과 미국에서 의회제도와 선거제도가 발달하면서 근대적 형태의 정당이 생겨났어. 민주주의 국가에서는 대부분 둘 이상의 정당이 경쟁하며 정치를 하고 있어. 민주당과 공화당이 대표 정당으로서 경쟁하는 미국과 같은 경우는 양당제라 하고, 독일, 프랑스, 일본처럼 세 개 이상의 정당이 있는 경우에는 다당제라고 부른다.

　우리나라는 법으로 다당제를 보장하고 있어. 20명 이상의 국회의원을 당선시킨 정당은 원내교섭단체를 구성할 수 있지. 원내교섭단체들을 중심으로 정당별 의원 수에 따라 국회에서 발언 비율이나 상임위원의 배정 비율 등이 결정된단다. 의견이 다른 정당들 사이에 협의가 원활하게 이루어지게 하려고 만든 방법이지만 국회의원이 적은 소수 정당이 그만큼 불이익을 받게 되고 그들의 의사가 반영되기 어렵다는 단점이 있어.

원내교섭단체
국회에서 의사 진행에 관한 중요한 안건을 협의하기 위하여 일정한 수 이상의 의원들로 구성한 의원 단체.

상임위원
국회에서 각 전문 분야로 나누어 조직돼 그 부문에 관한 안건을 검토하는 상임위원회를 구성하는 위원.

국민을 도망자로 만드는 지도자

독재와 민주주의

🌐 **19세기, 프랑스**

1789년 프랑스는 혁명을 일으켜 왕이 다스리는 국가에서 국민이 주인이 되는 민주주의 국가로 탈바꿈했어. 그러나 통령이었던 나폴레옹이 황제가 되어 독재 정치를 하면서 프랑스의 민주화 시계를 뒤로 돌려 놓고 말았지.

나폴레옹 때문에 못 살겠어……

시몬은 자려고 누웠지만 좀체 잠을 이룰 수가 없었어. 어머니와 아버지가 나누는 이야기가 귀를 파고들었거든. 옆에서는 쌔근쌔근 잠든 여동생 잔느의 숨소리가 들려왔지. 잔느 옆에 누워 있는 누나 미셸도 잠을 못 자는 건 마찬가지였어.

잠깐 멈추는가 싶더니 부모님의 이야기는 다시 이어졌어.

"야반도주라도 해야 하나……. 얼마 전에 파리에 다녀온 장이 그러는데 거기도 난리래. 나폴레옹이 나랏일은 물론 하다못해 연극 내용까지 제 마음에 들도록 바꾸라고 한다니 왕이 다스릴 때보다 나을 게 없대. 그뿐인가? 자기 가족이나 친한 사람을 주변 나라 왕으로 앉히는 것도 그렇고, 온갖 방법으로 돈을 모아 자기

가족들을 부자로 만든 것도 그렇고, 많은 이들이 그를 다 싫어하는 게 당연하지."

"어쩌다 그런 독재자가 돼 버린 걸까요?"

어머니가 한숨을 쉬며 물었어.

"그러게. 통령 중 한 사람으로만 있었어도 좋았을 것을. 그럼 다른 통령들이 나폴레옹의 독재를 막았을 텐데."

"욕심이 많았던 거겠죠."

"그나저나 이번에 전쟁에 끌려가면 어찌 될지 알 수 없어. 작년 러시아 원정도 실패했잖아."

"우리 동네만 해도 전쟁터에서 멀쩡히 돌아온 사람이 거의 없지요."

어머니와 아버지는 아버지가 전쟁에 나가지 않을 방법을 찾아야 했지만 뾰족한 수가 없었어. 결국 한숨 속에서 온 가족이 뜬 눈으로 밤을 지새우고 말았지.

러시아 원정
1812년 프랑스 황제였던 나폴레옹이 러시아 제국을 침공하여 일어난 전쟁. 이 전쟁에서의 패배로 나폴레옹의 몰락이 시작되었지.

이런 고민으로 잠을 제대로 못 자는 건 시몬네 집뿐이 아니었어. 작년 러시아 원정 때 전쟁터로 나갔다가 돌아오지 못한 아버지 때문에 온 가족이 슬픔에 빠져 있는 루이네 집은 더했지. 이제 열일곱 살밖에 안 되는 형도 이번에는 징집 대상자가 될 거라며 걱정이 태산이었어. 전쟁터에서 추위 때문에 동상에 걸려 다리를 자르고 매일같이 술만 마셔 대는 마리네 아버지도 온 마을의 걱정이었지. 이야기를 하자면 끝이 없었어.

> **징집**
> 국가가 군대에 복무할 의무를 지닌 사람들을 군대로 불러 모음.

모처럼 따뜻한 봄볕에 아이들이 약속이나 한 듯 아지트로 향했어. 동네를 감싸고 있는 나지막한 언덕 위 커다란 나무 아래였지. 시몬이 나무에 기대 멍한 얼굴로 하늘에 떠가는 구름을 바라보는데 제롬과 마리가 다가와 옆에 앉았어.

"무슨 걱정 있니? 얼굴이 왜 그래?"

마리가 시몬에게 물었어.

"있잖아, 우리 집…… 아, 아니야. 아무것도 아니야."

아침이 될 무렵, 어머니가 아버지에게 몰래 떠나자고 말하던 게 떠올라 시몬은 나오려던 말을 꿀꺽 삼켰어. 친구들에게도 비밀을 만들어야 하다니 생각할수록 화가 났지.

"이게 다 나폴레옹 황제 때문이야! 왜 황제가 되어서는 자꾸 전쟁을 하고 야단이냔 말이야."

시몬답지 않은 짜증에 마리가 눈을 동그랗게 뜨고 쳐다봤어.

"그래도 잘한 일도 많다던데. 혁명이 일어난 후에 혼란스럽던 프랑스를 안정시킨 게 나폴레옹이래. 루이 16세보다는 낫잖아."

제롬이 어디선가 들은 이야기를 말했어.

"낫긴 뭐가! 사람들이 혁명을 일으켜 힘들게 왕을 몰아내고 새로운 나라를 세웠는데 다 망친 거잖아. 자기가 다시 황제가 되어 온갖 일에 간섭하고, 국민들이 고생하거나 말거나 이 나라 저 나라와 전쟁이나 하면서 자기 하고 싶은 대로 하는 독재자라고!"

시몬이 씩씩대자, 나라를 다스리려면 왕이든 통령이든 엄격해야 사람들이 잘 따르는 거라고 제롬이 덧붙였어.

"나라를 잘 다스리는 것도 중요하지만 국민들이 마음 편하게 살 수 있도록 하는 게 통령이든 황제든 해야 할 일인 거잖아. 우리 오빠는 징집령 때문에 집 안에서 숨어 지낸단 말이야, 흑!"

흥분해서 불쑥 끼어들었던 마리

가 얼른 제 입을 막았어. 오빠가 집에 있다는 사실을 누구에게도 말하지 말라고 신신당부하던 어머니가 떠올라 제 머리를 콩 쥐어박았지.

보름 전 징집령 얘기가 들리기 시작할 무렵 마리네 오빠가 집을 나갔다는 소문이 돌았었어. 이제 보니 전쟁터로 가지 않으려고 거짓 소문을 내고 숨었던 거야.

"너희 둘, 이건 절대 비밀이야. 아무한테도 말하면 안 돼, 진짜. 어머니가 알면 나 죽어!"

마리는 약속하라며 주먹을 쥐어 보였어.

"우리 아버지도 다시 징집될까 봐 완전 걱정이서. 계속 흉년이라 먹을 것도 없는데 아버지마저 없으면……. 이게 다 나폴레옹 때문이야."

시몬이 다시 나폴레옹을 원망했어. 그런 시몬의 어깨를 두드리며 제롬이 물었지.

"그나저나 리처드 형은 어떻게 지내는 거야?"

헛간 지붕 밑에 만든 방에서 숨어 지내며 꼼짝 못하고 있다는 마리의 말에 제롬과 시몬은 동시에 얼굴을 찡그렸어. 생각만 해도 답답했거든. 그동안 세 아이들에게 도시 소식을 전해 준 게 리처드였어. 읍내에서 삼촌을 따라 마부로 일하며 귀족 집에서 흘러나오는 소문들을 얘기해 주었지.

파리에서도 나폴레옹 황제 때문에 사건이 많다고 했어. 처음 혁명이 일어난 후 나라가 안정

> **왕당파**
> 왕권을 옹호하여 유지하거나 확장하려는 무리로 이루어진 당.

을 못 찾고 있을 때 왕당파를 몰아내면서 인기를 끌기 시작한 나폴레옹은 그 후 이탈리아를 지배하는 등 전쟁마다 승리를 거두었대. 나폴레옹에게 바치는 시를 쓴 시인도 있고, 그림을 그린 사람도 있었다고 했어.

"하지만 지금은 세상이 달라졌대."

"이곳 농촌도 먹을 게 없지만 파리도 난리라던데. 작년엔 빵 값이 어마어마하게 올라서 굶어 죽을 지경이었대. 징집도 피하고 먹을 것도 찾느라고 농촌으로 떠나는 사람들도 있대."

이러다 혁명이 또 일어나는 거 아니냐며 제롬이 걱정스럽게 말했어.

그때였어. 누나가 시몬을 부르며 달려왔어. 미셸은 숨을 헐떡거리며 시몬을 한쪽으로 끌고 가서 귓속말로 뭔가 속삭였지. 얼굴이 굳은 시몬이 친구들을 향해 말했어.

"얘들아, 나 집에 가야 해. 너희들 잘 지내라. 나랑 친구 해 줘서 고마웠어."

"뭐냐? 멀리 가는 사람처럼? 하여튼 웃기는 애라니까."

웃는 두 아이를 뒤로 하고 언덕을 내려가는 시몬의 볼에 눈물이 흘렀어. 오늘 떠나면 다시는 친구들을 못 볼 것만 같았지.
"나폴레옹, 내가 혼내 주고 말 거야!"

속닥속닥 정치 이야기

대통령과 같은 지도자가 국민의 생활은 안중에도 없이 자기의 욕심만 채우려 하면 어떨까? 힘을 합쳐 일해야 할 다른 정치인들의 말도 듣지 않고 자신의 권력을 지키려는 마음에 나랏일을 제멋대로 한다면 그 나라는 결코 좋은 나라라고 할 수 없겠지.

'독재'와 '민주주의'

'독재'란 한 명 또는 소수의 몇 명에게 정치권력이 집중되어 있는 것을 말해. 헌법에 따르지도 않고, 입법, 사법, 행정으로 권력을 나누지도 않은 채 마음대로 나라를 다스리는 것이지. 독재의 반대인 민주주의는 권력이 분리되어 있는 것은 물론이고 국가의 주권이 국민에게 있는, 국민이 주인인 나라라는 거 기억하지? 국민을 위한 정치를 해야 하는 민주주의 국가에서는 선거나 투표를 통해 나랏일을 결정하거나 잘못한 정치인을 물러나게 할 수도 있어.

독재의 가장 큰 문제는 독재자가 잘못할 때 막을 방법이 없다는 거야. 독재자의 잘못을 막거나 반대할 수 있는 사람이 아무도 없다면 독재자는 옳은 결정을 내리지 않게 되기가 쉬워.

독재자의 또 다른 문제는 자기에게 반대하는 사람을 탄압한다는

나폴레옹
(1769~1821)
무솔리니
(1883~1945)
히틀러
(1889~1945)
김일성
(1912~1994)

거야. 권력을 다 가지고 있으니 누구의 방해도 받고 싶지 않은 마음이 점점 커져 갈 테고, 누가 반대라도 하면 참을 수가 없게 되는 거지. 이처럼 한 사람이나 소수의 사람들이 마음대로 움직이는 나라라면 잘될 리가 없겠지!

세계 역사 속에 등장했던 대표적인 독재자로는 프랑스의 나폴레옹을 비롯해 이탈리아의 무솔리니, 독일의 히틀러, 북한의 김일성 등이 있어.

민주주의 국가 대한민국

우리나라는 일제강점기에서 벗어나 해방이 된 후 대한민국이 들어서면서 민주주의 국가가 되었어. 우리나라 헌법은 제1조 1항에서 "대한민국은 민주공화국이다", 2항에서 "대한민국의

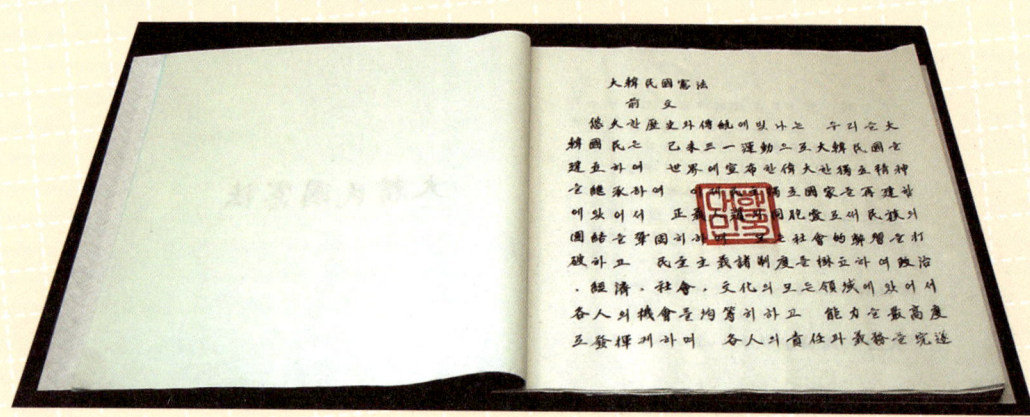

💡 대한민국 헌법 제1호라고도 하는 제헌 헌법의 첫 장이야. 여기엔 대한민국이 국민의 자유와 평등을 보장하는 민주주의를 기반으로 수립된 국가임이 분명하게 명시되어 있어.

주권은 국민에게 있고, 모든 권력은 국민으로부터 나온다"라고 밝히고 있어. 하지만 우리나라는 헌법과 달리 제대로 된 민주주의 국가가 되는 데에 많은 시간과 노력이 필요했단다. 부정선거를 통해 대통령에 세 번 당선된 이승만과 5·16 군사 정변을 일으켜 대통령 자리에 오른 후 독재에 가까운 권력을 누렸던 박정희가 있었어. 전두환 또한 정당한 방법이 아니라 군사 정변을 통해 최고 지도자의 권력을 쥐었지. 간접선거 방식으로 대통령 선거를 치르려다가 결국 국민들의 시위에 포기하는 일도 있었어.

지금 우리가 사는 나라가 민주주의

> **5·16 군사 정변**
> 1961년 5월 16일, 당시 육군 소장이었던 박정희를 중심으로 한 일부 군인들이 무력으로 정권을 장악한 사건.

국가라고 안심해서는 안돼. 바로 얼마 전 박근혜 대통령이 자신과 친분이 있는 소수의 사람들을 위해 국민들이 준 권력을 사용하다 결국 파면되는 일이 있었던 것처럼 민주주의는 유지되기가 쉽지 않거든.

민주주의는 집에서 키우는 반려동물처럼 항상 관심을 갖고 바른 길로 가도록 돌보지 않으면 병이 들거나 열린 문틈으로 나갔다가 영영 헤어지게 될 수도 있단다. 미국의 루즈벨트 대통령은 이런 말을 했어. "민주주의는 정지된 것이 아니라 영원히 계속되는 행진이다." 멈추는 순간 민주주의도 끝난다는 뜻이지.

> **파면**
> 잘못을 저지른 사람에게 직무나 직업을 그만두게 함.

모두 국가가 보살펴야 할 국민

사회보험

🌏 **1884년, 독일**

독일의 루르 지방은 지금은 폐광 지역이 되었지만 20세기 중반까지 유럽의 최대 광공업지대로 유명했어. 하지만 1980년대를 고비로 탄광이 하나둘 문을 닫고 철강 산업도 신흥공업국에 밀려나면서 도시 전체가 환경 오염과 경제 침체를 겪게 되었지.

일하던 갱도가 무너져 버렸어…….

아버지가 돌아가신 바로 그날이기 때문일까? 밤이 늦은 시각인데도 아돌프는 잠을 이루지 못하고 뒤척거렸어. 콜록콜록 아버지의 기침 소리가 지금도 옆방에서 들리는 것만 같았지.

하루에도 수십 번씩, 3년 넘게 들어온 기침 소리를 더 이상 들을 수 없게 된, 작년 오늘을 생각하니 어느새 아돌프의 눈앞이 뿌예지기 시작했어.

그날, 아돌프는 밤 9시가 넘도록 야근을 하느라 공장에 있었어. 같은 공장에서 일하는 어머니도 마찬가지였지. 기계 사이로 뛰어다니며 심부름하느라 정신이 없는데 공장 입구에서 아돌프를 부르는 소리가 연거푸 들렸어. 고개를 돌려 보니 어머니와 함께 일하는 아주머니였지. 아주머니는 아돌프의 손을 잡아끌며 다급하게 말했어.

"아돌프, 얼른 어머니 모시고 집으로 가거라. 아버지 위독하다는 소식에 네 엄마가 정신을 잃었어."

기절했다 깨어난 어머니를 부축해 집으로 돌아왔을 때 아버지는 이미 눈을 감은 뒤였어. 혀를 차며 눈물을 찍어 내는 이웃 사람들 사이로 여동생 로자가 아버지를 끌어안은 채 울고 있었어.

아버지의 장례를 치르는 내내 어머니는 혼잣말을 중얼거리며 눈물을 흘렸어.

"몇 년만 더 버텼으면 얼마나 좋아. 이제 의료보험도 되고 산재보험도 돼서 당신 같은 사람도 치료받을 수 있는 세상이 왔는데……."

아돌프의 아버지는 스무 살이 되기도 전부터 20년 넘게 광산에서 광부로 일을 했어. 아돌프와 로자가 아버지의 하얀 얼굴을 제대로 본 기억이 없을 정도였지. 깊은 땅속에서 먼지를 들이마시며 일하느라 아버지는 늘 기침을 달고 살았어. 그러다 4년 전에

갱도가 무너져 며칠 동안 갇히는 사고를 당한 후 아버지는 급격히 건강이 나빠졌어. 결국 얼마 지나지 않아 광산 일을 그만두었지만 병세는 점점 더 심해졌어. 광산이 많은 루르 지방에는 아버지와 같은 증세로 고생하는 사람이 많았지.

아버지가 앓아누운 후 어머니는 옷감을 만드는 공장에 일자리를 얻어 매일 12시간이 넘도록 일을 했어. 하지만 어머니가 받는 급여로는 아버지의 치료비는커녕 네 식구가 입에 풀칠하기도 부족했어. 그 이듬해부터 아돌프도 어머니가 일하는 공장에서 잔심부름을 시작했지. 하루라도 빨리 어머니를 도와 돈을 벌고 싶었지만 아홉 살 이하는 노동을 금지하는 법 때문에 그럴 수가 없었어. 아돌프가 일을 시작한 뒤에도 수입은 여전히 형편없었고 치료비는 너무 비쌌어. 치료를 받아 볼 엄두도 내지 못한 채 아버지의 기침 소리는 점점 더 자주 아돌프의 가슴을 찔렀지.

그렇게 3년이 지나갈 무렵, 국가에서 의료보험을 시행한다는 소식에 어머니가 아버지를 모시고 병원에 갔어. 아돌프와 로자는 아버지 병이 다 낫기라도 한 것처럼 좋아했어. 하지만 기대는 절망으로 바뀌었어.

"너무 늦었습니다. 이제 린데만 씨를 치료할 방법이 없습니다."

아버지는 그 뒤로 1년을 더 고생하다 결국 돌아가시고 말았어. 오랫동안 들어 온 기침 소리는 아버지와 영원히 헤어진 지 한 해가 지나도록 아돌프의 곁에 맴돌았지. 아돌프는 아버지 생각을 하며 눈물을 떨구다 스르르 잠이 들었어.

다음 날 저녁, 세 식구가 식탁에 모여 앉았어. 하루 종일 혼자 지내느라 심심했던 로자가 접시를 내놓으며 한껏 자랑했지.

"엄마, 오늘 감자 요리는 내 인생 최고예요. 얼른 드세요."

"그러네. 하나도 안 타고 잘 익었구나. 간도 적당하고."

로자의 머리를 쓰다듬어 주며 어머니가 칭찬을 했지. 저녁 식탁에 놓인 먹거리는 삶은 감자와 마른 빵, 물이 전부였어. 언제쯤이면 소시지 한 토막이라도 먹게 될지 아돌프는 자기도 모르게 한숨을 내쉬었지.

어머니는 감자 하나를 먹는 둥 마는 둥 하더니 바느질감을 들고 등불 아래 앉았어. 한 푼이라도 더 벌어야 한다며 공장에서 받아

온 일감이었어. 어머니는 종알거리는 로자의 말에 건성건성 대꾸하며 바느질을 시작했지만 얼마 안 가 꾸벅거리기 시작했어. 하루 종일 서서 일을 했으니 피곤한 게 당연했지.

'아버지가 광산에서 일할 때 산재보험이 생겼더라면 보험금이라도 좀 받아서 어머니가 고생을 덜했을 텐데.'

다 지나간 일인데도 아돌프는 어머니를 보고 있으면 속이 상했어. '내가 옆집 발터 형처럼 열일곱 살만 되었어도 어머니가 집에서까지 일을 하지는 않을 텐데.' 싶기도 했고.

"막스처럼 키라도 컸으면 공장장에게 제대로 된 일을 달라고 부탁이라도 해 볼 텐데."

어머니가 아돌프의 혼잣말에 놀라 고개를 번쩍 들고 말했어.

"그런 소리 마! 그러다 다치면 큰일이야. 잠자코 지금 하는 일이나 해, 알겠지!"

"이제 걱정 없다니까요. 다치면 산재보험으로 치료받고 급여도 받을 수 있대요."

어머니가 바느질감에서 눈도 떼지 않고 단호하게 말했어.

"말도 안 된다! 치료야 나라에서 해 준다 쳐도 일을 못 하는데 급여를 온전히 주겠니? 그럴 것 같았으면 애당초 사람을 그리 무지막지하게 부려 먹지도 않았겠지. 일은 제대로 해야 하지만 절대로 다치거나 하면 안 된다. 네가 건강해야 많든 적든 돈을 벌고 먹고살 수 있는 거야."

그러면서 혼잣말처럼 덧붙였어.

"너희들이라도 그런 세상에서 살 수 있으면 좋으련만."

"그렇게 될 거예요. 아버지가 제 나이였을 때보다 지금이 더 좋아졌잖아요. 곧 나라에서 가난한 사람도 도와주고 병든 사람은 치료해서 건강하게 살도록 돌봐 주는 그런 날이 올 거예요. 그러니까 어머니는 그때까지 건강하셔야 해요. 아셨죠!"

속닥속닥 정치 이야기

직장을 얻는 일도 쉽지 않지만 이런저런 이유로 직장을 그만둘 수도 있고, 병을 앓거나 사고를 당해 일을 할 수 없게 되는 경우도 있어. 그럴 때 안심하고 치료받으며 다른 직장을 찾을 때까지 먹고살 걱정을 하지 않을 수 있다면 한결 마음이 놓일 거야. 이를 헤아려 국가에서 만든 제도가 사회보험이란다.

 가난하고 병든 국민을 위한 경제적 보장, '사회보험'

　사회보험은 국가가 국민을 보호하기 위해 시행하는 제도야. 국민이 질병, 가난, 실업 등의 위기에 처했을 때 어느 정도 생활이 유지될 수 있도록 일정한 금액의 소득이나 서비스를 제공하는 것이지. 살면서 누구나 겪을 수 있는 어려움에 대비해 미리 국민에게서 보험료를 거두어 두었다가 필요할 때 지급해 주는 방식이야. 국민이 낸 보험료만 그대로 돌려주는 것이 아니라 고용주와 정부가 부담한 보험료까지 더해서 보험금을 지급한단다.

　사회보험은 개인이 드는 보험과는 여러 차이가 있어. 개인이 드는 보험은 각자 의지에 따라 보험을 선택해 가입하지만, 사회보험은 강제성을 띠고 있어서 대상이 되는 사람은 모두 의무적으로 보험료를 내야 해.

　나라마다 사회보험제도는 조금씩 다르지만 대체로 직장을

잃고 실업자가 되었을 때 일정한 기간 동안 생계비를 지급해 주는 실업보험, 나이가 많아 일하기 어려운 상황에 처한 사람들에게 지급하는 노령연금, 질병에 걸렸을 때 치료비를 보조해 주는 건강보험, 회사에서 일을 하다 사고를 당해 다쳤을 때 치료비를 지급해 주는 산재보험 등이 있단다.

사회보험은 개인이 든 보험처럼 납입한 보험료만을 기준으로 지급하는 것이 아니어서 보험료를 내지 않은 경우에도 도움을 받을 수가 있어. 사회보험제도의 혜택을 받는 것은 국민의 권리이기 때문에 다른 사람들의 눈치를 볼 필요도 없지.

사회보험과는 성격이 조금 다르지만 국가가 국민의 최소 생계를 책임지겠다는 뜻으로 보조금이나 수당을 지급하는 제도가 마련되어 있기도 해.

현대적 사회보험의 역사

현대와 같은 복지 차원의 사회보험제도는 19세기 말 독일에서 탄생했어. 당시 독일의 총리였던 비스마르크는 빈부격차 해소를 외치는 사람들의 목소리를 가라앉히려고 사회보험을 시행했지. 1883년 의료보험, 1884년 산재보험이 도입되면서 세계 최초의 사회보험이 탄생하게 된 거야.

우리나라는 1963년에 일반 국민을 대상으로 산업재해보상보험을

💡 국민건강보험공단은 의료보험과 노인장기요양보험 등을 관할하고, 근로복지공단은 고용보험과 산재보험을 관할해. 국민연금은 국민연금공단에서 관할하지.

실시한 것이 사회보험의 시작이었어. 1977년에는 모든 국민들을 의무적으로 의료보험에 가입하게 하면서 전국민 의료보험이 시작되었지. 지금은 은퇴 등의 이유로 소득이 없을 때 매월 일정 금액을 지급하는 국민연금, 근로자가 실직한 경우에 일정 기간 동안 급여를 지급하는 고용보험, 일상생활이 힘든 노인들에게 급여나 요양과 같은 서비스를 제공하는 노인장기요양보험 등도 실시되고 있단다.

국민들의 존경을 받는 대통령

대통령중심제와 내각책임제

🌐 **20세기, 체코**

오스트리아-헝가리 제국의 지배하에 있던 체코는 제1차 세계대전이 끝나던 1918년에 해방이 되었지. 당시 체코는 슬로바키아와 한 나라가 되어 독립했다가 1938년부터 1945년 제2차 세계대전이 끝날 때까지는 나치 독일에 합병되었어. 1993년, 비로소 슬로바키아와 분리되어 지금의 체코가 되었단다.

"다음 주 사회 시간 발표 준비는 잘 돼 가지요?"

"네!"

아이들은 한목소리로 교실이 떠나가라 대답을 했어. 민주주의에 대해 조사하는 것은 너무 쉬운 일이었거든. 야나도 이미 다 끝낸 상태였지.

지난주 야나는 저녁 식탁에서 선생님이 내 준 발표수업 이야기를 꺼냈어. 그랬더니 아버지와 어머니는 식사는 뒷전으로 미루고 체코의 독립과 민주 국가 설립을 비롯해 마사리크 대통령에 이르기까지 길고 긴 이야기를 이어갔어. 9시만 되면 야나를 잠자리로 보내는 엄마도 시간이 얼마나 흘렀는지 잊어버릴 정도였지.

심드렁하게 듣기 시작한 야나도 어느새 부모님의 이야기에 흠뻑 빠져들어서 "그래서요? 그래서요?" 하며 이야기를 재촉했지.

"제1차 세계대전 때까지만 해도 우리나라는 오스트리아 제국의 식민지였어. 너무 오랫동안 식민지였던 탓에 진짜 우리나라가 어딘지도 헷갈릴 지경이었지. 그러니 해방되었을 때 국민들 기분이 어땠겠니?"

"게다가 이웃 나라들 중에서 우리나라가 유일한 민주 국가로 남게 된 때를 생각하면 지금도 가슴이 울렁거리고 짜릿하다니까. 그러고 보니 건국 기념일이 얼마 안 남았네."

야나는 쉴 틈 없이 옛이야기를 하는 부모님을 보면서 독립이나 국가가 그렇게 중요한 것일까 궁금했어. 직접 겪지 않아서인지 야나는 솔직히 부모님의 마음이 온전히 이해되지 않았거든.

'선생님이 이런 숙제를 내 준 것도 건국 기념일 때문인가?'

야나는 달력에 빨간 글씨로 건국 기념일이라고 표시된 10월 28일을 보면서 고개를 갸웃거렸지.

부모님 덕분에 야나는 숙제를 수월하게 끝내고 느긋하게 한 주를 보낼 수가 있었어. 다른 친구들도 대부분 비슷했어.

"말도 마. 우리 아빠는 우리나라 독립 이야기를 하며 눈물을 흘리기까지 했다니까."

테레자가 말했어.

"우리 엄마도 그랬는데. 마사리크 대통령이 아니었으면 우리나라는 독립하기 어려웠을지도 모른대."

둘의 이야기에 이반도 끼어들었지.

어느새 발표일이 내일로 다가와 야나를 비롯해 반 아이들은 발표 자료를 만드느라 분주했어. 가장 성실하게 준비하고 발표한 친구에게 선생님이 선물을 주겠다고 했거든. 뭔지 모르지만 커다란 선물 상자가 일주일 내내 선생님 책상 위에 떡하니 놓인 것을 보고 아이들은 너 나 할 것 없이 의욕을 불태웠어.

발표 연습을 하느라 야나가 자기 방 책상 앞에 앉아 중얼거리는데 갑자기 엄마의 비명 소리가 들렸어. 부리나케 아래층으로 내려가 보니 엄마가 라

디오 앞에 주저앉아 눈물을 흘리고 있었지. 강아지 카를을 산책시키고 들어오던 아빠도 비명 소리에 놀라 뛰어 들어왔어.

"어떡해, 마사리크 대통령이 돌아가셨대. 연세가 많으시기는 하지만 좀 더 사셔야 하는데……."

엄마는 말을 잇지 못하고 두 손으로 얼굴을 가린 채 엉엉 울기 시작했어. 아빠도 침통한 표정으로 엄마를 달랬지.

야나는 엄마의 비명 소리에 너무 놀라 짜증이 나려 했지만 슬퍼하는 부모님을 보고 조용히 방으로 올라갔어. 이상한 분위기에 주눅 든 카를이 야나의 다리에 딱 붙어 쫓아왔지.

다음 날, 야나가 학교에 가니 아이들이 삼삼오오 모여 마사리크 대통령 이야기를 하고 있었어. 다들 부모님 이야기를 하며 우울하고 슬픈 표정이었지.

선생님이 들어오자마자 이반이 손을 번쩍 들었어.

"선생님, 돌아가신 마사리크 대통령은 어떤 분이었어요? 돌아가신 게 슬프기는 하지만 우리 할아버지도 아닌데 부모님이 울고 그러니까 좀 이상해요."

"맞아요. 대통령에 대해 좀 알려 주세요."

아이들이 모두 고개를 끄덕이며 동의를 표했어.

선생님이 발표 수업을 미루고 대통령 이야기를 해 주었어.

"사실 마사리크 대통령은 우리 아버지 친구분이세요. 그래서 대통령 되기 전 대학교수로 계실 때는 몇 번 만나 뵌 적도 있어요. 원칙을 지키는 깐깐한 분이셨지만 친절한 분이셨지요."

선생님은 야나가 부모님에게 들은 것 말고도 많은 이야기를 해 주었어. 마사리크 대통령이 학생 때 직접 돈을 벌어 대학 공부를 마친 일, 오스트리아-헝가리 제국으로부터 독립하기 위해 애썼던

이야기, 여러 가지 어려움을 딛고 1918년 체코슬로바키아공화국을 건국한 이야기, 초대 대통령이 되어 17년 동안 나랏일을 했던 이야기 등.

　야나는 마사리크 대통령이 정말 많은 일을 한 분이라는 것을 알게 되었지. 물론 대통령이 된 후에 독일계나 폴란드계 등 소수 민족을 소홀히 취급했다는 것 등 비판을 받는 점도 있지만 분명 체코슬로바키아가 독립하고 민주주의 국가가 되는 데 엄청 중요한 역할을 한 것은 사실이었어.

"선생님, 우리 마사리크 대통령에게 편지를 써서 장례식에 가져가면 어때요? 돌아가신 마사리크 대통령도 좋아하실 거예요."

엉뚱한 일을 벌이기 좋아하는 프란츠의 제안에 아이들도 모두 그러자고 했어.

"좋아요. 여러분이 정성 들여 편지를 써 주면 선생님이 아버님께 드려서 마사리크 대통령 가족분들께 전해 달라고 할게요."

"대통령 할아버지 관 속에 넣어 달라고 해 주세요."

자기네 할아버지 돌아가셨을 때도 그렇게 했다면서 프란츠가 덧붙였어.

선생님이 고개를 끄덕이자 아이들은 하나둘 편지 쓰기에 돌입했어. 돌아가신 할아버지 생각이라도 나는지 테레자는 편지를 쓰다가 훌쩍거렸지.

평소 왁자지껄 시끄럽기로 유명한 야나네 교실이 오늘은 한 시간이 넘도록 텅 빈 교실마냥 조용하기만 했어. 옆 반 선생님이 지나가다 유리창 너머로 걱정스레 바라볼 정도였지.

속닥속닥 정치 이야기

같은 민주주의 국가라도 권력이 어떤 방식으로 나뉘어 있는지, 행정부의 권한이 얼마나 강한지는 조금씩 다르단다. 민주주의 국가의 대표적인 모습인 대통령중심제와 내각책임제에 대해 알아볼까?

 '대통령중심제'와 '내각책임제'

대통령은 행정부에서 가장 높은 지위에 있는 사람이야. 대통령이 가진 권한은 나라마다 조금씩 차이가 있는데 미국이나 우리나라처럼 강력한 대통령중심제 국가에서는 대통령에게 주어진 권한이 막강하지. 반대로 연방공화국인 독일이나 의회를 중심으로 운영되는 내각책임제 국가에서는 대통령의 권한이 약한 편이야.

대통령중심제는 입법부, 행정부, 사법부가 분명하게 분리되어 있는 것에 비해 내각책임제는 입법부와 행정부가 섞여 있다는 점이 달라. 내각책임제는 의회의 다수당인 여당이 내각을 조직해 행정부와 의회의 권력을 갖고 책임도 지게 되지. 내각책임제를 하는 대표 국가로는 영국이 있고, 우리나라도

연방공화국
다수의 정부가 연합하여 하나의 국가를 이룬 민주주의 국가.

내각
국가의 행정권을 담당하는 최고 합의 기관. 내각책임제 국가에서는 최고 정책 결정 기관이고, 대통령중심제 국가에서는 대통령의 보좌·자문 기관을 말해.

제2공화국 때 내각책임제를 실시한 적이 있어. 내각책임제는 의원내각제라고 부르기도 해.

대통령중심제에서 대통령의 권한

　대통령은 국무총리와 각 부처의 장관을 거느리고 행정부의 업무를 총괄 지휘해. 국군을 통솔하고 공무원을 임명하거나 파면하는 것, 법령을 집행하고 필요한 사항에 대해 대통령령으로 시행할 권한도 갖고 있지.

　또한, 대통령은 국가 원수로서 국가를 대표하여 다른 나라와 조약을 체결하거나 대법원장, 국무총리, 헌법재판소장 등을 임명할 권한도 있어. 국가의 안전을 위하여 계엄을 선포하거나 긴급 명령을 내릴 수 있는 권한도 있지. 하지만 대통령이 그런 권한을 마음대로 행사할 수는 없고 국회에서 만든 법에 따라야만 해. 또 국회는 대통령이 권한을 제대로 행사하고 있는지 감시하고 비판함으로써 혹시라도 생길지 모르는 독재를 막는 역할을 하지.

　우리나라에서는 국민들이 직접선거를 통해 대통령을 선출하지. 임기는 5년이고, 한 번만 대통령이 될 수 있어.

조약
국가 간의 권리와 의무를 국가 간의 합의에 따라 법적 구속을 받도록 규정하는 행위.

계엄
군사적 필요나 사회 질서 유지를 위해 일정한 지역의 행정권과 사법권의 전부 또는 일부를 군이 맡아 다스리는 일.

💡 서울 종로구에 위치한 청와대의 모습이야. 대한민국 대통령의 집무 공간이자 생활 공간이지.

📅 우리나라의 역대 대통령

　1948년 첫 번째 대통령이 임기를 시작한 이래 18대 대통령이 선출되기까지 우리나라에는 모두 11명의 대통령이 있었어. 초대 대통령으로 선출된 이승만은 3대까지 대통령을 지냈어. 이후 4대 대통령으로 선출된 윤보선은 1년 반 만에 군사 정변이 일어나는 바람에 물러났어. 5대~9대 대통령 박정희에 이어 10대 대통령이었던 최규하는 9개월 정도밖에 대통령직에 있지 못했어. 또 다시 군사 정변이 일어났기 때문이야. 11대~12대 대통령은 전두환이었고 그다음 13대 대통령인 노태우부터 순서대로 김영삼, 김대중, 노무현, 이명박이 대통령직을 수행했어. 18대 대통령 박근혜는 잘못된 국정 운영에 대한 책임으로 2017년 3월, 대통령직에서 파면되었단다.

대중에게 진실을 알린다

언론과 대중매체

🌐 **1974년, 미국**

1969년 미국의 제37대 대통령으로 취임한 닉슨 대통령은 미군의 베트남 전쟁 개입을 끝내기 위해 애썼고, 중국과 소련 정상과의 만남을 통해 냉전시대를 끝내는 길도 열었지. 하지만 워터게이트 사건이 밝혀지면서 스스로 대통령직에서 물러나고 말았어.

잠에서 깬 에이미가 기지개를 켜며 주방으로 갔어. 엄마는 신문을 읽으며 혀를 차고 있었어. 무슨 일이냐고 묻는 에이미의 목소리에 엄마가 고개를 들어 벽에 걸린 시계를 봤지. 엄마는 종종 에이미와 타일러를 깨우는 것도 잊고 신문 삼매경에 빠지곤 했어. 다행히 오늘은 에이미가 알아서 일어난 덕분에 지각 걱정은 덜었지.

엄마가 아침 식사를 준비하며 말했어.

"대통령이 결국 물러나겠다고 했대."

한참 동안 사람들 입에 오르내리던 사건이 이제야 끝나는 모양

이야. 대통령이 큰 잘못을 했으니 물러나야 하네 마네 하면서 엄마와 아빠도 목소리 높여 얘기하곤 했지. 문제의 주인공은 닉슨 대통령이었어. 대통령 선거를 앞두고 닉슨 대통령이 아랫사람들과 모의해 상대편 후보를 도청하는 등 여러 가지 불법 행위를 했거든. 이러한 사실을 『워싱턴 포스트』의 기자가 폭로하여 나라가 발칵 뒤집어진 거야. 도청 장치가 설치됐던 빌딩의 이름을 따 사람들은 이 사건을 '워터게이트 사건'이라 불렀어. 이 워터게이트 사건을 파헤쳐 보도한 밥 우드워드와 칼 번스타인은 기자로서 인정을 받아 작년에 퓰리처상을 탔지.

아침을 먹는 내내 에이미는 엄마와 아빠의 이야기가 귀에 들어오지 않았어. 두 기자가 상 받던 모습이 생생하게 떠올랐거든.

신문을 즐겨 읽는 엄마 덕분에 에이미와 동생 타일러도 어릴 때부터 신문과 친했어. 인형이나 다른 장난감 대신 신문을 접고 오리면서 놀았고, 글자를 익힌 것도 신문을 통해서였어.

"신문을 보면 다른 나라에서 일어나는 일도 알 수 있단다."

"우리 같은 사람들은 모르고 지나갈 수 있는 사건의 진상도 신문을 보면 알 수 있지."

"기자는 정말 훌륭한 사람이야. 물론 제대로 일을 해내는 기자에게 해당하는 말이지만."

엄마는 무슨 말인지 이해도 못 하는 두 꼬맹이를 앞에 두고 신문과 기자에 대한 연설을 늘어놓곤 했어. 사실 엄마의 어릴 적 꿈도 기자가 되는 것이었거든. 종군기자가 되어 전쟁 상황을 세상에 알리고 싶었지만 결혼을 하고 에이미가 태어나면서 꿈을 접어야 했어.

"네가 엄마의 꿈을 이루어 주면 정말 기쁠 거야."

매일같이 들려주던 엄마의 말이 마술을 부려 에이미의 꿈이 된 것인지도 몰라. 하지만 에이미도 신문기자가 되어 사건을 취재하고 기사를 작성하는 자신의 모습을 상상하면 가슴이 뻥 터질 것처럼 부풀어 올랐어.

"엄마, 기자가 사건 취재하는 건 당연하잖아요. 그런데 왜 상을 주는 거예요? 그게 어려운 일인가?"

뜬금없는 에이미의 질문에 엄마가 미소를 띠며 대답했어.

"당연한 것이라 해도 잘하는 것은 쉽지 않아. 숨겨진 사건의 진실을 취재하는 건 더욱 어려운 일이지. 이번 워터게이트 사건처럼 사실을 감추려는 사람들이 권력을 가진 정치적인 사건일 때는 더욱 힘들 테고. 게다가 이번 사건은 관심을 갖는 기자가 거의 없었어. 닉슨 대통령이 또 한 번 대통령에 당선될 게 확실했으니까 나쁜 짓을 저지를 이유가 없다고 생각했거나, 대통령을 잘못 건드렸다가 불이익을 당할 수 있다고 생각했겠지. 그런 사건을 밥 우드워드와 칼 번스타인 두 사람은 포기하지 않고 끈질기게 파헤쳐 진상을 밝혀낸 거야. 무엇보다 취재원의 실명을 밝히지 않고 보호한 것은 특히 칭찬받을 만한 일이지. 이번에 두 사람은 언론이 올바른 정치가 이루어지도록 감독하는 역할을 해야 한다는 걸 제대로 보여 준 거야."

엄마가 한 말을 되새기며 고개를 끄덕이는 에이미와 달리 아리송한 표정을 짓고 있던 테일러가 물었어.

"그런데 언론이 뭐예요?"

"언론은 많은 사람들이 쉽게 볼 수 있는 신문이나 텔레비전 등을 통해 어떤 사건과 관련된 정보를 알려서 사람들의 의견을 이끌어가는 활동을 말해."

아빠가 식탁으로 다가와 대답해 주었지.

"『워싱턴 포스트』의 기자들이 사건을 알려 많은 사람들이 알게 되었고 결국 닉슨 대통령이 물러나게 된 거니까 두 기자가 언론인 거네요?"

아빠가 고개를 끄덕였어.

"만약 두 기자가 사실을 알아내고도 기사를 내지 않거나 닉슨 대통령을 편드는 기사를 썼다고 생각해 봐라. 이제 두 기자가 어떤 일을 해낸 것인지 알겠지?"

그러고 보니 사건이 전부 밝혀지기 전까지 대통령은 "사실이 아니다.", "나는 몰랐다." 하며 발뺌했다는 사실이 떠올랐어.

그때였어. 무심코 시계를 쳐다본 타일러가 숟가락을 내던지고 벌떡 일어났어.

"지각이야! 난 몰라! 전부 누나 때문이야!"

타일러가 소리치며 달려 나가고, 그제야 사태 파악이 된 에이미도 벌떡 일어나 가방을 들고 문밖으로 뛰어갔어. 다행히 에이미네 집 앞 골목으로 막 들어서는 학교 버스를 무사히 탈 수 있었지.

단짝 조이의 옆자리에 털썩 주저앉자마자 에이미는 가방을 열고 수첩과 연필을 꺼냈어. 흔들리는 버스 안에서 손에 힘을 꽉 주고 무엇인가를 쓰기 시작했지. 조이가 고개를 들이밀어 수첩을 보려 했지만 에이미는 손으로 가리고 보여 주지 않았어.

조이가 입을 삐죽이며 한마디 하려는데 에이미가 조이에게 연필을 쥐어 주고 수첩을 내밀었어.

"나, 조이 스톤은 에이미 스트라우스와 함께 저널리스트가 되어 우리나라의 정치 발전을 위해 열심히 취재하고 노력할 것을

저널리스트
신문이나 잡지 일에 종사하는 사람.

약속함. 결코 헤어지지 않고 절친으로 지낼 것도 약속함.' 이게 뭐야?"

조이가 수첩에 적힌 내용을 다 읽자 에이미가 어서 사인하라며 재촉했어. 작년 퓰리처상 시상식 이후 둘은 만나기만 하면 훌륭한 기자가 되자며 손가락을 걸곤 했어. 그러더니 기어코 오늘은 각서를 써서 내민 거였지.

"사인하면 네가 나 훌륭한 저널리스트로 만들어 주는 거지? 약속한 거다!"

둘은 킥킥 웃으며 사인을 하고 정상회담을 하는 대통령들처럼 정중하게 악수를 했어. 둘의 머리 위로 30년 후 퓰리처상 시상대에 서 있는 두 기자 에이미와 조이의 모습이 구름처럼 슬쩍 흘러갔지.

속닥속닥 정치 이야기

요즘은 인터넷을 이용하여 나라의 크고 작은 뉴스부터 개인의 소식까지 전 세계 수많은 사람들에게 실시간으로 알릴 수 있는 세상이 되었어. 그래서 정부나 정치인들이 하는 일을 국민들에게 숨기기가 어렵게 되었단다.

진실되고 공정해야 하는 '언론'

'언론'은 신문, 잡지, 방송, 인터넷 등의 대중매체를 통해 사람들에게 정보와 의견을 전달하거나 그에 대한 여론을 형성하는 활동을 말해. 많은 사람들의 생각에 영향을 끼칠 수 있는 만큼, 언론은 정치·경제·사회·문화 등 어떤 분야에서든 객관적이고 공정해야 하며, 여론 형성에 대한 책임이 크다는 것을 잊어서는 안 돼. 누군가의 편을 들어 한쪽에 유리한 보도를 한다거나 사실과 다른 보도를 하여 피해를 준다면 올바른 언론이라고 할 수 없지.

> **여론**
> 사회 대중이 공통으로 제시하는 의견.

요즘에는 인터넷을 통해 개인도 자신의 의견을 수많은 사람들에게 전할 수 있어. 때에 따라서 그 의견이 생각지도 못한 여론을 형성하고 파급 효과를 가져오는 일도 종종 일어나지. 불특정 다수의 사람들을 대상으로 의견을 표현할 때는 언론인이든 아니든 결과를 생각하고 행동해야 해.

　한편, 다양한 언론을 통해 정보를 접하는 사람들도 무조건적으로 정보를 받아들일 게 아니라 옳고 그름을 생각하여 능동적이고 비판적으로 받아들이는 자세가 필요하단다.

1948년 네덜란드 언론사의 기자증. 기자증을 소지한 기자는 취재를 해야 하는 곳에 제재 없이 들어갈 수 있도록 신분을 보장받게 되지.

 언론과 대중매체의 역사

　대중에게 정보를 전달하는 것이라는 의미에서 언론은 오래전부터 있었어. 정보가 전달되는 범위가 지금과는 비교도 안 되게 좁았지만 말이야. 요즘처럼 단숨에 전 세계로 정보가 퍼져 나갈 수 있는 것은 대중매체가 발달한 덕분이야.

대중매체는 신문이나 잡지처럼 활자를 이용한 인쇄미디어 시대에서 라디오 같은 음성에 이어 텔레비전같이 영상을 이용한 전파미디어 시대로 발전해 왔어. 이제는 무선 인터넷 같은 새로운 방식의 미디어 기술이 이용되고 있어. 예전에는 대중매체를 통해 일방적으로 정보가 전달되는 형태였다면, 지금은 쌍방향으로 정보 교환이 가능해져 정보 전달 과정에서 새로운 정보가 만들어지기도 하고 대중의 의사가 반영되어 정보의 내용이 수정되거나 확대되기도 하지.

퓰리처상

워터게이트 사건 보도로 밥 우드워드와 칼 번스타인이 수상한 퓰리처상은 1917년부터 시작된 상이야. 미국에서 언론과 문학 분야에 뛰어난 공로와 업적을 이룬 사람에게 수여하는 상이지. 신문왕이라 불리던 조지프 퓰리처가 기증한 기금으로 상금을 주고 있어.『바람과 함께 사라지다』를 쓴 마가렛 미첼,『노인과 바다』를 쓴 헤밍웨이도 퓰리처상을 수상했단다. 1943년부터는 음악 분야에도 수여하고 있어.

1917년 미국의 언론인 조지프 퓰리처의 유언에 따라 제정된 퓰리처상은 미국의 언론과 문학, 음악적 업적이 뛰어난 사람에게 주는 상이야.

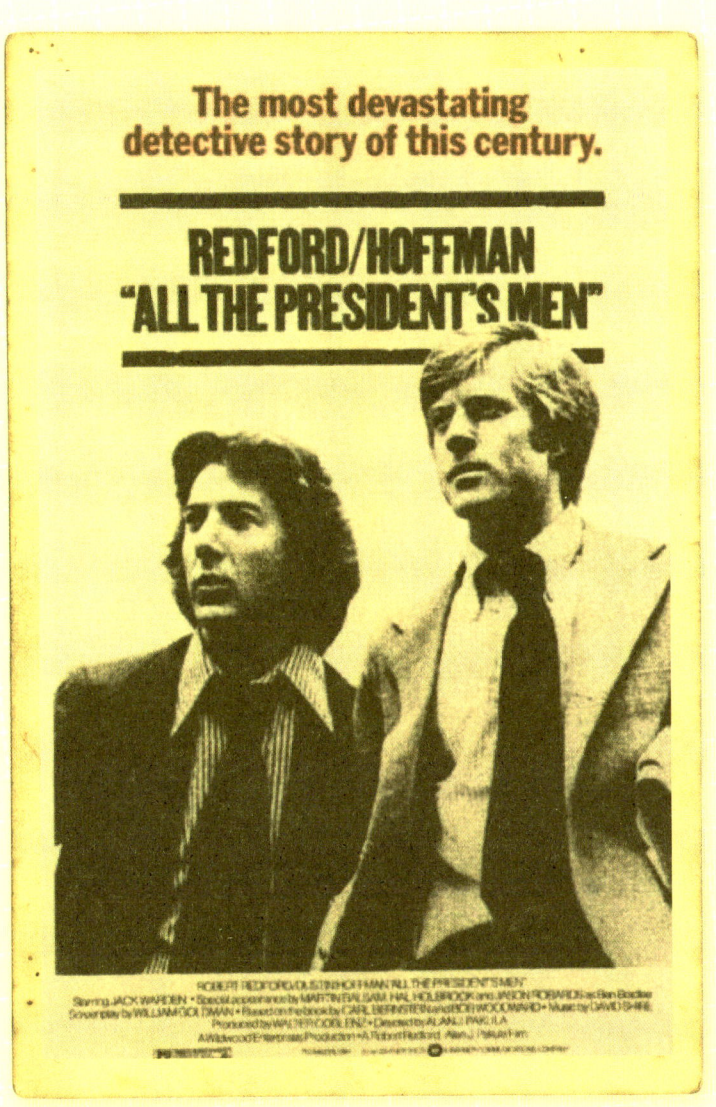

💡 1976년 개봉한 영화 〈모두가 대통령의 사람들〉 포스터. 당시 『워싱턴 포스트』의 기자였던 밥 우드워드와 칼 번스타인이 워터게이트 사건을 제보받아 폭로하는 내용을 담은 영화야.

세계는 하나, 문제 해결도 함께

국제기구

🌐 **1979년, 베트남**

베트남은 1955년부터 20년간이나 남북이 나뉘어 전쟁을 치렀어. 전쟁 후 10년여간 베트남을 떠난 난민이 100만 명에 이르렀지. 1980년대 말부터 베트남 경제가 안정을 찾기 시작하자 다시 베트남으로 돌아오고 싶어 하는 사람들이 생겨났어.

우리 가족만을 위한 안전한 집이 필요해······.

찡, 찡, 찌이잉.

쉬지 않고 울어 대는 매미 소리에 눈을 뜬 후이는 두 팔을 위로 뻗어 몸을 비틀었어.

'아침이다. 오늘은 좋은 소식이 좀 있을까? 제발 그랬으면 좋겠다.'

베트남을 떠나 한 달 가까이 파도에 시달릴 때는 홍콩에 도착하기만을 바랐어. 그럼 고생은 끝나는 줄 알았으니까. 하지만 배는 엉뚱하게도 말레이시아에 도착했지. 영문도 모른 채 난민 수용소에서 많은 사람들과 한데 섞여 지내다 보니 이제 후이는 집만 생긴다면 아무리 좁아도 괜찮을 것 같았어. 언제쯤 이곳을 벗어날지, 벗어날 수는 있는 것인지 묻고 싶었지만 푹 쓰러질 것만 같은 엄마와 화가 난 듯 이마에 주름이 새겨진 아빠 얼굴을 보면 질문은 입속에서 맴돌다 꿀꺽 넘어가고 말았지.

 한창 먹고 쑥쑥 자랄 나이의 후이였지만 집을 떠나 수용소에서 지내는 동안 입맛도 잃고 만사가 귀찮기만 했어. 걱정하는 엄마를 생각해 억지로 빵을 먹어 보려는데 뚜안네 아저씨의 고함 소리가 들려왔어.

 "형님, 유엔에서 조사 나왔대요!"

 웅성거리는 사람들 사이를 뚫고 뚜안 아빠가 뚜안과 후이네 가족 곁으로 다가왔어. 두 집은 베트남을 떠나는 배 안에서 만나 생사고락을 함께하며 형제보다 가까운 사이가 되었지.

 "우리까지 차례가 올까? 아직 우리보다 먼저 온 사람들이 많잖아?"

 후이 아빠의 질문에 뚜안 아빠가 대답했지.

 "1년 넘게 기다리고 있는데, 이번에야 방법이 나오겠죠. 수용소 생활 이제 신물이 나요."

 "그러게. 사회주의 국가만 아니면 어디든 괜찮을 것 같더니만 이제 여기만 아니면 다 괜찮을 것

만 같으니, 참!"

두 아빠는 앞으로 일이 어떻게 될지 점쳐 보느라 아침도 먹는 둥 마는 둥 했지. 아빠들의 이야기에 귀를 쫑긋 세우고 있는 후이와 뚜안도 마찬가지였어.

"사무실 사람들이 하는 얘기 들으니 이번에는 대규모로 내보내 줄 것 같아요. 베트남을 떠나는 보트피플이 아직도 많은 모양이에요. 어차피 여기서 평생 살게 할 수는 없으니까요. 유엔이 나서서 회의를 했는데 미국은 물론이고 여러 나라에서 난민을 받아 주기로 약속했다더라고요."

> **보트피플**
> 정치, 종교, 사상 등의 이유로 배를 타고 자기 나라를 떠나 머물러 살 곳을 찾아 헤매는 사람을 이르는 말로, 특히 베트남에서 작은 배로 탈출하는 난민을 가리키는 말이야.

뚜안 아빠는 주변 사람들 눈치를 살피며 사무실에서 들은 이야기를 전해 주었어. 누구하고든 쉽게 친해지는 뚜안 아빠는 사무실에서 일하는 사람들과도 가까이 지내고 있었어. 덕분에 후이네 가족도 정보를 많이 들을 수 있었지.

며칠 후 뚜안 아빠와 후이 아빠가 다시 이야기를 나누었어. 유엔에서 나온 사람들을 만난 이야기였지. 후이 아빠와 뚜안 아빠는 오전에 차례로 그들을 만나고 왔어.

"자네는 뭐라고 했어? 난 이왕 결심하고 나온 것이니 프랑스로 보내 달라고 했어. 아니면 미국도 괜찮고."

후이 아빠의 말에 뚜안 아빠가 대답했지.

"저는 미국으로 가고 싶다고 했어요. 그런데 형님, 전 요즘 잠을 못 자요. 눈만 감으면 누렇게 익은 벼들이 보여요. 사실 전 어디 가서든 농사를 짓고 싶은데……. 어렵겠지요? 괜히 떠났나 싶기도 하고 마음이 복잡하네요."

"어떤 마음인지 알 것 같아. 나도 우리 반 애들이 눈앞에 아른거리니까."

착잡한 마음에 두 아빠는 잠깐 동안 아무 말 없이 고향 생각에 잠겼어.

후이네 가족이 살던 남베트남은 민주주의 국가였어. 그렇기 때문에 사회주의 국가로 통일된 베트남에서 사는 게 쉽지 않았지. 학교 선생님이었던 아빠는 북베트남 출신의 교장 선생님과 의견이 맞지 않아 자주 다투었어.

뚜안 아빠는 농사를 지으며 살다가 통일이 된 후 사상 때문에 감옥에 갔다 왔다고 했어. 그 사이 땅을 모두 잃어 떠날 수밖에 없었다며 눈물을 흘렸어.

후이는 아빠들의 이야기를 가만히 듣다가 울컥해져서 슬그머니 밖으로 나갔어. 저만치 떨어진 큰 나무 그늘 아래에 뚜안이 앉아 있었어. 옆에는 뚜안의 동생 마이와 후이의 동생 옌이 땅바닥에 고개를 처박은 채 개미들을 구경하느라 바빴지.

후이는 뚜안 옆에 털퍼덕 주저앉으며 말했어.

"우리, 어떻게 될까?"

"그걸 어떻게 알겠냐? 난민이 되는 순간, 우리 미래는 물론 목숨

도 어떻게 될지 모르는 운명이 되었는데. 우리 아버지는 유엔 사람에게 미국으로 가고 싶다고 했대. 거긴 땅이 넓으니까 농장에서 일을 하게 될지도 모르겠다고 생각하셨나 봐. 너희는?"

"프랑스로 가고 싶다고 하셨대. 난 미국도 괜찮을 거 같은데. 어딜 가든 난 정치를 공부할 거야."

"너한테 딱 어울린다. 넌 공부 잘했다며? 앞으로도 잘 해낼 거야. 내가 응원할게."

뚜안이 한 손으로 후이의 등을 두드리며 다른 손으로는 힘껏 주먹을 쥐어 보였어.

"맘대로만 된다면 얼마나 좋겠냐? 일단은 무사히 어디로든 가야 그다음이 있는 거지."

그렇게 말하며 후이는 한숨을 쉬었어. 얼굴이 어두워지기는 뚜안도 마찬가지였어. 한 나라가 남북으로 나뉘어 전쟁을 하는 것도 끔찍했지만, 통일이 된 뒤에도 문제가 몽땅 사라지지 않았고 이렇게 난민이 되어 있으니 앞으로 또 무슨 일이 벌어질지 알 수 없었지.

"어른이 되면 꼭 유엔에서 일하고 싶어. 유엔이 아니었다면 우리는 지금 이 정도로 지내지도 못했을 거잖아. 나 진짜 열심히 공부할 거야."

"네가 유엔의 높은 사람이 돼서 날 베트남으로 가게 해 주면 정말 좋겠다. 난 사실 베트남으로 돌아가고 싶어. 다른 나라에 가서 사는 게 겁나."

이번에는 후이가 뚜안의 등을 두드려 주었어.

"네 소원도 내 소원도 이루어지면 정말 좋겠다."

후이는 베트남이 싫다고 떠난 사람을 다시 받아 주는 건 말도 안 되는 일이라고 생각하면서도 기운 빠진 얼굴로 한숨 쉬는 뚜안을 위로하고 싶어 가만히 뚜안 곁을 지켰어.

속닥속닥 정치 이야기

심각한 천재지변이나 전쟁 등으로 국가가 자기 나라 국민들의 문제를 해결해 주지 못할 때 다른 나라에서 도와주자는 뜻에서 만들어진 단체가 있어. 많은 나라가 뜻을 모아 만들어 '국제기구'라고 부른단다. 국가와 상관없이 만들어진 '비정부기구'들도 어려움에 처한 사람들을 돕는 일에 앞장서고 있지.

국제 사회의 문제를 해결하는 '국제기구'

세계의 많은 나라들은 여러 분야에서 교류하지만, 종종 해당 국가 간에 갈등이 발생하는 경우가 있어. 개인 간의 갈등은 법으로 해결하기도 하고 서로 화해하도록 제3자가 나서 주기도 하지만 국가 간 문제는 해결할 방법을 찾기가 쉽지 않아. 그래서 만든 단체가 바로 국제기구란다. 국가 간에 또는 여러 나라가 관련된 문제가 생겼을 때 지켜야 할 약속을 만들기도 하고 갈등을 중재하는 역할도 하지.

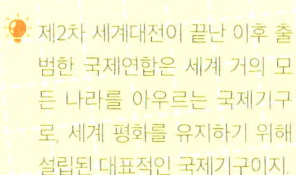

국제기구라 하면 국제연합(UN)을 떠올리는 친구들이 많을 거야. 국제연합은 세계 여러 나라 사이에 전쟁이나 다툼이 일어났을 때 평화적으로 해결하기 위해

💡 제2차 세계대전이 끝난 이후 출범한 국제연합은 세계 거의 모든 나라를 아우르는 국제기구로, 세계 평화를 유지하기 위해 설립된 대표적인 국제기구이지.

남베트남에 공산 정권이 들어선 이후 탈출하는 보트피플들의 모습이야.

노력하는 것은 물론 전 세계 사람들의 인권이 더 잘 지켜질 수 있도록 다양한 일을 해. 국제연합 외에도 오늘날 세계에는 세계보건기구(WHO), 세계무역기구(WTO) 등 2천 개도 넘는 국제기구가 있단다.

한편, 국가들의 연합인 국제기구뿐만 아니라 국가와 관계없이 만들어져 국적과 상관없이 도움의 손길을 나누는 단체들도 있는데 이를 비정부기구 또는 NGO라고 부르지. 비정부기구는 개인이나 기업, 한 국가의 이익이 아니라 공공의 이익을 위해 민간에서 조직된 비영리단체야. 정부의 정책을 감시하고 정보를 제공하여 시민들이 정치에 참여할 수 있도록 돕는 것을 비롯해 인권, 환경, 보건 등 다양한 목적을 위해 활동한단다.

대표적인 비정부기구에는 국경없는의사회, 국제사면위원회,

그린피스 등이 있어. 현재 국제적으로 활동하는 비정부기구는 4만 개가 넘고, 각 나라 안에서 활동하는 기구까지 합치면 100만 개가 넘는단다.

현재 세계의 난민 상황

난민이란 인종, 종교, 국적 때문에, 또는 특정한 집단에 속해 있다거나 정치적 의견이 다르다는 이유로 박해를 받을 위험이 있어서 자기 나라에 살지 못하고 국가의 보호를 받지 못하는 사람들을 말해.

쉽게 말하면 어떤 이유에서든 자신이 국민으로 소속되어 있는 국가 밖으로 탈출했거나 그 국가에서 벗어나기를 바라는 사람이라고 할 수 있지. 대부분의 난민은 다른 나라에서 받아 주거나 돕지 않으면 생명을 유지하기 어려운 상황에 놓여 있기 십상이야. 그래서 국제연합은 '난민의 지위에 관한 협약'을 통해 난민을 보호한단다. 2013년 12월 현재 전 세계에는 4천만 명이 넘는 사람들이 난민 상태에 있단다.

난민의 지위에 관한 협약
제2차 세계대전이 끝난 후 난민 인권 보호를 위해 1951년 국제연합에서 채택한 협약. 흔히 난민 협약이라고 불러.

시민이 모른 척하면 바꿀 수 없어

시민의 정치 참여

🌐 **2014년, 튀니지**

북아프리카 지역에서 가장 작은 나라인 튀니지의 벤 알리 대통령은 1987년부터 20년 넘게 대통령직에 있으면서 부패와 인권 침해를 일삼았어. 결국 시민들이 반발하여 혁명이 일어났지. 튀니지의 국화인 재스민의 이름을 따 '재스민 혁명'이라고 부른단다.

"오마르, 하싼, 아흐마드, 압둘라! 이리 와 봐!"

아드함이 교실 여기저기 흩어져 있는 친구들을 불러 모았어. 다른 아이들은 쟤들이 또 무슨 장난을 치려고 그러나 하는 얼굴로 돌아다 봤지. 그러거나 말거나 다섯 개구쟁이는 교실 뒤에 모여 쑥덕거리기 시작했어.

"뭐, 재미있는 일이라도 있어?"

"뭔데 그래?"

오총사 중에 가장 얌전한 아드함의 호출에 네 명은 눈빛을 반짝이며 물었어. 쑥스러운 듯 귀를 만지며 아드함이 말했지.

"별건 아니고 우리 아빠가 오늘 대통령 취임식이라고 저녁때 집에서 파티한대. 아빠가 너희들도 부르라고 해서……. 엄마가 맛있는 것도 많이 한대."

넷이 신이 나서 소리를 지르자 다른 아이들이 조용하라며 눈총을 보냈어. 오총사는 얼른 교실 밖으로 나갔지.

"너네 엄마 음식 솜씨 최고잖아. 점심부터 굶어야겠다."

먹을 거라면 사족을 못 쓰는 하싼이 싱글벙글대며 말했어. 하싼의 말처럼 아드함 엄마의 솜씨는 소문이 날 정도여서 모두들 벌써부터 입안에 군침이 돌았지.

"그런데 대통령 취임식이 그렇게 대단한 날이야?"

압둘라가 고개를 갸우뚱거리며 친구들에게 물었어.

"시민들이 중심이 되어 시작된 혁명 덕분에……."

압둘라가 설명을 하는데 복도에 선생님이 나타났어. 오총사는 잽싸게 교실로 들어가 각자 자리로 흩어졌지.

기대감과 궁금함으로 하루를 보낸 오총사는 각자 집에서 숙제를 마치자마자 앞서거니 뒤서거니 아드함의 집으로 모였어. 튀니지 노동자연맹에서 일하는 아드함의 아빠는 아직 퇴근 전이었어.

아드함의 엄마가 아이들에게 식사 전 주스와 간식을 먼저 챙겨 주었어.

"역시 간식은 달달한 게 최고지!"

하싼이 대추야자 서너 개를 한꺼번에 입속에 욱여넣으며 우물거렸어. 다른 아이들도 동시에 달려들어 순식간에 두 접시를 비워 냈지.

아드함의 엄마와 누나 파티마는 마당에 식탁을 차리느라 바빴어. 케밥이며 브릭(반숙 계란을 넣은 튀김 요리), 라블라비(빵을 잘라 넣고 수프를 부어 먹는 요리), 메르게즈(아랍 소시지)에 각종 음료와 과일이 담긴 접시까지 놓인 식탁을 내려다보며 아이들은 무엇을 먼저 먹을까 군침을 삼켰지.

음식 앞에서 오총사의 인내심이 한계에 다다를 무렵, 일터에서 돌아온 아빠들을 비롯해 동네 어른들이 한 사람 두 사람 모이기 시작했어. 2층에 있던 아이들도 후다닥 마당으로 내려와 앉아 포크를 들고 접시를 향해 돌진하려는 순간이었어.

아드함 아빠가 "잠깐!" 하며 아이들을 막았어. 아이들이 토끼눈이 되어 포크를 든 채 고개를 들었어.

"오늘은 정말 기쁜 날이에요. 우리 튀니지 국민의 힘으로 재스민 혁명을 성공시키고 우리 손으로 대통령을 뽑아 취임식이 열린 날이니까요. 이런 날, 우리가 꼭 기억해야 할 사람이 있어요."

아저씨들이 고개를 끄덕이며 우르르 자리에서 일어났어. 아드함 아빠의 말이 이어졌지.

"우리, 잠깐이나마 모하메드 부아지지를 생각합시다. 애들아, 부아지지가 누구인지 알고 있니?"

오마르가 얼른 손을 들었어.

"몇 년 전에 지방 청사 앞에서 죽은 형이에요. 거리에서 과일과 채소를 팔다가 판매 허가가 없다고 경찰에게 물건을 몰수당하고 폭행당한 후 몸에 불을 붙여 분신자살을 했어요."

"잘 알고 있구나. 그 사건 이후 시민들의 시위가 이어지면서 재스민 혁명이 시작된 거란다. 자, 모두들 부아지지를 추모합시다."

아드함 아빠의 말에 따라 모두들 잠깐 눈을 감고 부아지지를 생각했어. 죽은 모하메드 부하지지 형을 직접 보지는 못했지만 울컥했는지 압둘라가 훌쩍거렸어. 평소 같으면 놀려 댈 친구들이었지만 오늘은 아무도 말이 없었어.

아드함 아빠의 눈도 벌게져 있었지. 그 모습을 보고 하싼의 아

빠가 입을 열었어. 이런 자리에서 분위기를 띄우는 건 늘 하싼 아빠야.

"자, 이제 축하 건배를 합시다. 재스민 혁명을 이끌어 튀니지의 민주화를 성공시키는 데 큰 몫을 한 국민4자대화기구의 발전을 위해서 말입니다. 내 친구인 무스타파가 그중 한 기구인 노동자연맹에서 일하고 있으니 큰 자랑거리가 아닐 수 없습니다."

하싼 아빠의 말에 무라드 아저씨가 소리쳤어.

"잠깐, 오늘 취임한 대통령도 빠뜨리면 안 되죠. 에셉시 대통령이 어떻게 해 주느냐가 굉장히 중요하니까요. 그가 쫓겨난 대통

령처럼 정치를 한다면 부아지지의 죽음은 물론이고 우리가 그동안 이만큼 바꿔 놓은 일이 다 물거품이 되는 겁니다. 마음 같아서는 대통령을 위해 매일 기도라도 하고픈 심정이라니까요."

"맞아요. 주변 나라들을 보세요. 시리아며 이집트, 리비아는 우리와 비슷한 시기에 혁명이 시작되었지만 혼란에서 벗어나지 못하고 있어요. 우리도 저럴 수 있다 생각하면 가슴이 철렁한다니까요."

아드함 아빠의 말에 아저씨들 모두 고개를 끄덕였어. 하싼 아빠가 음료수 잔을 들고 다시 소리쳤어.

"좋습니다, 좋아요. 그럼 우리, 대통령과 국민4자대화기구를 위해 건배합시다!"

아드함 아빠가 덧붙였지.

"국민들을 빼놓으면 섭섭하지요. 재스민 혁명을 성공시켰고 앞으로 튀니지의 정치 발전을 위해 계속 노력하게 될 튀니지 국민

모두를 위해서도 건배해야지요!"

"건배! 건배!"

모두들 건배를 외치며 잔을 부딪쳤어. 한쪽에서 오총사도 주스가 든 컵을 부딪쳤지. 모두들 튀니지의 희망찬 미래를 그리며 파티를 즐겼어.

속닥속닥 정치 이야기

민주주의 국가의 주인은 결국 국민이야. 그런데 만약 국가의 주인인 국민이 '귀찮아서', '잘 몰라서' 하는 마음으로 정치에 관심을 갖지 않거나 '나만 손해 보지 않는다면 어떻게 돌아가든 상관없지 뭐.' 한다면 국가는 어떻게 될까?

🍎 정치 참여는 '시민'의 권리

국민은 '한 나라의 통치권 아래에 있는 사람', 시민은 '그 나라의 국적을 갖는 동시에 일정한 권리와 의무를 지닌 사람'을 말해. 얼핏 보면 비슷하지만 엄밀히 말하면 국민과 시민은 뜻이 달라. 국민은 '국가를 구성하는 사람이나 그 나라의 국적을 가진 사람'을 뜻하지. 시민은 '서울 시민'과 같이 '한 시에 살고 있는 사람'을 가리키기도 하지만 '국가 정치에 참여할 수 있는 지위에 있는 국민'이라는 뜻도 있어. 우리가 정치와 관련해서 말할 때 시민은 후자의 뜻이야. 이런 차이점 때문에 정치에 대해 이야기를 할 때에는 국민보다 시민이라는 말을 주로 사용한단다.

18세기 말 시민들이 일으킨 프랑스 대혁명 이후 만들어진 '인간과 시민의 권리 선언'은 "인간은 자유롭고 평등한 권리를 가지고 태어났다"는 내용을 기본 원칙으로 삼고 있어. 당시 '시민'은 상공업을 통해 부자가 된 부르주아 계층을 가리켰지만

💡 프랑스 대혁명 당시 국왕이었던 루이 16세가 시민군에 의해 처형되는 장면을 그린 그림이야. 이 혁명으로 봉건 귀족의 특권이 폐지되었어.

요즘에는 모든 사람을 가리키는 말이 되었지. 결론적으로 시민은 누가 시켜서가 아니라 능동적이고 자발적으로 의사를 결정하고 그에 따라 행동하며 국가 정치에 참여하는 국민을 말하는 거야.

🍊 세계 역사 속에서 시민이 활약한 사건들

우리나라는 일제강점기 전인 대한제국 시기까지 왕이 다스리는 나라였어. 그런 나라에서 국민은 '백성'이라고 불리며 왕의 소유물로 생각되었어. 백성은 나랏일에 주인으로 참여하지 못하는 것은 당연하고 나라에서 시키는 일은 무조건 복종해야 하는 힘없는 존재였어.

서양도 우리와 크게 다르지 않았어. 뼈가 부서져라 일만 하는 평민들이 내는 세금으로 왕이나 귀족들은 부유한 삶을 누렸지. 그러다 18세기 후반이 되면서 유럽과 아메리카 대륙에서 커다란 변화의 물결이 일어났어. 그동안 왕이나 귀족과 같이 권력층에 복종하며 살던 사람들이 자유를 찾아야겠다는 생각을 하게 된 거야. 미국에서는 독립 혁명으로 아메리카합중국이라는 공화국이 세워졌고, 프랑스 대혁명으로 프랑스는 왕이 다스리는 대신 공화제도로 바뀌었지. 이제 모든 시민들이 정치에 참여할 수 있을 뿐만 아니라 평등하게 권리를 행사할 수 있게 된 거야.

독립 혁명
18세기 중엽, 영국의 식민지였던 미국의 13개 주가 연합하여 영국으로부터의 독립을 선언한 혁명.

우리나라 역사에서도 시민들의 힘으로 큰일을 해낸 적이 많아. 일제강점기에서 해방된 후 우리나라의 정치는 오랫동안 혼란을 겪었어. 이뿐만 아니라 법을 바꾸어서라도 계속 대통령 자리에 있고 싶어 하던 지도자도 있었지. 하지만 시민들이 끝까지 참지는 않았어. 1960년대에는 이승만 대통령을 물러나게 한 4·19 혁명이, 1970년대에는 박정희 대통령의 유신 헌법을 반대하며 시위했던 유신 반대 민주화 운동이 있었어. 1980년대에는 군사 정변으로 권력을 장악한 신군부의 퇴진과 민주화를 요구하다 계엄군의 폭력 진압에 많은 사람들이 희생된 5·18 민주화 운동이 있었지. 또, 1988년에는 헌법을 뜯어고쳐 대통령 선거 방식을 간접선거로 바꾸려는 정부에 반대해 시민들이 6월 민주 항쟁을 일으켰어. 2017년에는 권력을 올바로 사용하지 않고 남용한 대통령에게 자리에서 물러나라며 천만 명이 넘는 시민들이 촛불 집회를 벌였단다.

재스민 혁명으로 시작된 아랍의 봄

2015년 노벨 평화상을 누가 탔는지 아니? 바로 튀니지의 재스민 혁명이 성공하는 데 큰 역할을 했던 '튀니지 국민4자대화기구'야. 한 노점상 청년의 분신으로 시작된 시위가 전국으로 퍼져 나가며 무르익은 재스민 혁명은 결국 독재 정권을 무너뜨렸고, 이집트와 리비아 등 주변 국가의 혁명으로 이어졌어. 2011년 봄, 세계를 뒤흔들었던 이 사건을 '아랍의 봄'이라고 부른단다.

하지만 '아랍의 봄'은 따스하고 향기 넘치는 완벽한 봄을 가져오지는 못했어. 이집트에서는 다시 군사 정변이 일어났고, 리비아와 시리아에서는 내전에 가까운 분쟁이 벌어졌어. 이런 상황에서 튀니지도 우여곡절을 겪었지만 주변 나라들에 비해 민주화 과정을 차근차근 밟아 가고 있지. 2014년 12월에는 자유 경선으로 대통령 선거가 실시되었어. 노동단체들을 중심으로 구성된 국민4자대화기구는 이 과정에서 국민이 주도하는 대화와 타협을 이끌어 민주화를 이루었다는 점에서 높은 평가를 받아 2015년에 노벨 평화상을 받았지.

재스민 혁명 시위대의 모습이야. 아랍 및 아프리카 지역에서 민주화를 향한 시민들의 열망으로 독재 정권을 무너뜨린 첫 번째 사례란다.

우리 마을 계획은 우리 손으로

지방자치제

🌐 **2016년, 대한민국**

1945년 일제강점기를 벗어나고 1948년 8월 15일 정부를 수립한 후 여러 번의 헌법 개정과 대통령 선거를 거쳐 지금에 이르고 있는 대한민국은 민주주의 국가란다. 6·25 전쟁으로 인해 북한과 남한으로 분단된 채 70여 년을 지내 오고 있어.

살기 좋은 마을,
함께 만들어요!

"민재야, 가서 언니 좀 깨워!"

엄마 말과 동시에 민주가 방문을 벌컥 열고 나왔어. 온 가족이 화들짝 놀랐지.

"맏딸, 깨우지도 않았는데 일어난 거야? 오늘 무슨 일 있나?"

아빠가 물었어.

"'마을 주민 300인 원탁회의'잖아요. 태어나서 처음 참가하는 주민 회의에 설레서 잠도 못 잤어요."

"나도!"

엄마가 덧붙였어.

그게 그렇게 좋으냐고 아빠가 민주에게 물었어.

"민주주의 꽃은 선거라지만 진짜 민주주의의 기본은 지방자치제이며, 오늘처럼 주민들이 모여 마을 일을 의논하는 게 그 첫걸음이라고 선생님도 그러셨어요."

민주가 사회 시간에 배운 내용을 줄줄 읊었어.

"우리 딸, 멋지다!"

아빠가 엄지를 척 들어 보이며 웃었어.

민주와 엄마가 바쁘게 아침을 먹는데 초인종이 울렸어. 윗집 정원이었어.

"김민주, 빨리 나와!"

"어른에게 인사부터 해야지, 안녕하세요!"

정원이 엄마가 정원이 머리 위로 고개를 들이밀며 인사를 했어. 언제 봐도 정원이 엄마는 부지런해. 주민 회의에 참가하자고 먼저 제안한 것도 정원이 엄마였지.

동생 민재를 아빠에게 맡기고 민주와 민주 엄마, 정원이와 정원이 엄마는 소화도 시킬 겸 점섬체육관까지 걸어가기로 했어.

민주가 정원이 어깨를 툭툭 쳤어.

"이정원, 너, 오늘 무슨 얘기할 거야?"

"나, 마을에 있는 학원들 좀 없애 달라고 할 거야, 반드시!"

"성공하길 빈다."

농담인지 진담인지, 주먹을 불끈 쥐는 정원이를 보며 민주가 고개를 절레절레 흔들었어.

"마을 계획에 공동육아 어린이집을 만드는 과제가 꼭 포함되면 좋겠어요. 요즘 어린이집 사건 사고도 많은데 엄마들이 함께 키우면 좋잖아요."

"난 쓰레기 처리 문제나 분리배출과 같은 환경 문제가 꼭 중요한 안건으로 선정되면 좋겠어요. 정원이가 비염으로 훌쩍이는 걸

볼 때마다 속상해서 진짜."

민주는 엄마들의 이야기에 귀를 기울였어.

정원이 엄마는 몇 달 전부터 마을 조사단이 되어 주민들이 원하는 마을 과제를 조사하는 일에 참여했어. 덕분에 민주도 이것저것 들은 게 많았지. 민주는 아줌마 이야기를 들으며 자기도 꼭 마을 조사단이 되겠다고 결심했어.

선선한 아침 바람을 맞으며 길을 걷다 보니 어느새 체육관이 눈앞에 나타났어. 체육관 안에는 원탁과 의자들이 가득 놓여 있었고 벌써 절반쯤 되는 사람들이 자리에 앉아 있었어.

민주네 일행은 모두 다른 테이블에 흩어져 앉게 되었어. 민주가 정해진 테이블로 가 보니 민주 또래 초등학생 한 명, 고등학생 오빠 한 명이 있었어. 한 할머니가 민주 옆으로 다가와 앉으며 인사를 했어.

"반가워요. 난 일동공원 근처에서 온 이수연 할머니예요."

고등학생 오빠가 벌떡 일어나 꾸벅 고개를 숙이며 말했어.

"안녕하세요. 저는 식물원 건너편에서 왔습니다."

그러자 앉아 있던 아이도 일어나 인사를 하며 호동초등학교

6학년 지원이라고 소개했어. 고등학생 오빠는 성안고등학교 2학년이라고 했지.

그렇게 인사하는 사이 7개의 의자가 모두 주인을 만났고 곧 본격적인 회의가 시작되었어.

먼저 자기소개를 하고 친해지는 시간을 가졌어.

"난 늙었다고 안 뽑아 줄까 봐 얼마나 걱정했는지. 상이라도 탄 기분이라니까, 호호. 나 같은 할머니들도 어울려 사는 마을이 되길 바라는 마음으로 왔어요."

민주 차례가 되었어.

"저는 초등학생도 참가 자격이 된다는 걸 알고 얼마나 기뻤는지 몰라요."

민주 맞은편에 앉아 있던 지원이가 고개를 끄덕였어.

마을 일에 관심은 있지만 바쁘다는 핑계로 실질적인 활동은 못 했다는 50대 아주머니와 이사 온 지 몇 달 안 돼 마을에 대해 알고 싶다는 40대 선생님, 청소년들이 맘 편히 놀 수 있는 공간이 우리 마을에 생기면 좋겠다는 고등학생 오빠까지, 다들 관심사는 달랐지만 우리 마을을 더 근사하게 만들고 싶은 마음만은 똑

같았어.

하하 호호 웃음 속에 원탁회의의 1막이 끝났어. 다음 순서는 마을 조사단이 조사하고 연구한 내용을 발표하는 시간이었어. 그 결과를 가지고 오늘 회의에서 실천 방법을 찾고 우선순위도 정한다고 했지.

'아이들에게 적합한 놀이 환경 만들기, 도롱뇽 서식지 되살리기, 마을 소식 나누기, 청소년들의 다양한 활동 공간 확대…….'

텔레비전 뉴스에서 듣던 사건들보다는 시시하다 싶은 느낌도 있었지만 듣다 보니 민주는 귀가 솔깃해졌어.

'안전 분과의 자투리 공간 활용하기랑 공동체 육아 분과의 청소년 활동 공간 확대를 연결하면 안 되나?'

신기하지. 마을 일이라 그런지 발표를 듣는 순간 벌써 민주의 머릿속에서 이런저런 아이디어가 마구 떠올랐어. 다른 사람들도 그런가 봐. 메모하는 소리며 생각하는 열기에 체육관은 한여름처럼 뜨거워졌어.

발표가 끝난 후 마을 과제에 대해 우선순위를 정하고 실천 방법을 모으는 시간이 되었어. 어른들과 함께하는 토론이 처음이라

좀 떨렸지만 수연 할머니가 오늘만은 나이 따위 잊고 싶다고 말씀하셔서 다들 편하게 의견을 주고받기로 했지. 그래서 민주도 논술 수업에서 갈고닦은 실력을 발휘했어. 열띤 토의 후 다들 벌게진 얼굴이 되어 음료수로 목을 축였어. 곧 조별로 토론한 내용을 발표하는 시간이 되었어.

각 조마다 우선순위도 조금씩 다르고 특이한 실천 방법도 많아서 듣는 사람들은 웃느라 바빴어.

오늘 회의 결과는 전문가들과 실천단이 함께 의논하여 마을 계획을 작성하고 마을 총회에서 심의를 거친 다음 실제 실천 단계로 이어질 거라고 진행자가 알려 주었어.

"오늘 재밌었지? 막 어른 된 것 같지 않니?"

지원이의 말에 민주도 고개를 끄덕였어.

심의
어떤 안건이나 일을 조사하고 논의하여 결정하는 일.

지루하면 어쩌나 했던 세 시간이 쏜살같이 지나갔어. 마무리 시간이 되자 다들 서로 연락처를 나누며 다음에 또 만나자고 인사를 하느라 바빴어. 민주의 스마트폰에 연락처가 여섯 개나 늘어났지 뭐야. 나이도 성별도 다른 이웃사촌들이지.

(이 이야기는 경기도 안산 일동의 주민 회의 내용을 참고하여 각색한 것입니다.)

속닥속닥 정치 이야기

같은 나라 안에서도 각 지역의 환경에 따라 부딪치는 문제가 조금씩 다르지. 그렇기 때문에 중앙 정부에서 각지에 사는 국민들 모두에게 꼭 맞는 정치를 하기란 쉽지 않은 일이야. 그럴 때를 대비해 만든 제도이자 민주주의의 기본이라고 여겨지는 제도가 바로 '지방자치제도'란다.

주민들이 스스로 결정하고 실천하는 '지방자치제'

지방자치는 각 지역에 살고 있는 주민들이 참여와 의사결정을 통해 스스로 지역의 일을 결정하고 지역 문제를 해결함으로써 주민들의 복리를 실현하는 활동이야. 각 지역의 주민들은 국가가 인정하는 범위 안에서 시의회, 구의회와 같은 의사결정 기관을 구성하여 자치권을 행사한단다. 쉽게 말하면 선거를 통해 지방 의회를 구성할 뿐만 아니라 지역 문제에 주민들이 직접 참여해 결정할 수 있도록 법으로 권리를 정해 놓은 거야.

우리나라처럼 간접 민주주의를 선택한 나라는 국회의원이나 대통령 선거를 하고 나면 정치에 무관심해지기 쉬워. 하지만 지방자치제도 덕분에 우리 생활과

복리
행복과 이익.

자치권
지방 공공단체가 국가 의사로부터 어느 정도 독립하여 국가가 맡긴 행정 업무를 수행할 수 있는 권리.

밀접한 문제에 대해 직접 의견을 내거나 결정하는 등 지역 정치에 참여할 수도 있고 시의회나 구의회 또는 군수나 구청장과 같은 지방자치단체장이 정치를 잘하고 있는지 감시도 할 수 있어. 그래서 지방자치제도를 최고의 민주주의 학습장이라고 말하기도 하지.

우리나라에서는 지역에 필요한 법을 만들자고 제안하는 주민발의, 결정해야 할 사항에 대해 의견을 표현하는 주민투표, 정치를 잘못한 지방자치단체장 등을 해임할 수 있는 주민소환이나 잘못을 가려 달라고 재판을 청할 수 있는 주민소송, 주민이 직접 원하는 것이나 의견을 표현할 수 있는 주민청원 같은 지방자치제를 통해 정치에 직접 참여할 수 있단다.

우리나라의 지방자치제

우리나라의 지방자치제는 역사가 조금 복잡해. 1949년 지방자치법이 제정되어 1952년 첫 지방선거를 치르고 시행되다가 1961년 군사 정변 이후 정부에서 지방자치제를 전면 중단했지. 그러다가 1991년 부활했지만 본격적으로 실시된 것은 1995년 4대 지방선거 때부터라고 할 수 있어.

이야기에서 읽은 것처럼 경기도 안산에서는 마을별로 주민 조사와 회의 등을 거쳐 각 마을에서 필요한 일을 찾는 등 마을 계획을 세우고 있어. 그 과정에서 더 많은 주민들이 참여할 수 있도록 주민들로 구성된 마을 조사단이 마을 사람들을 찾아다니며 해결할 과제를 조사하고 그에 대한 토의에도 수백 명의 주민이 참여하도록 한단다. 한 명이라도 더 많은 주민이 참여하고 관심을 가질 때 지방자치는 더 발전하게 되지. 다른 지역도 마찬가지야. 지방자치단체마다 주민들이 지역에서 해결해야 할 문제들에 대해 회의도 하고, 법을 만들자고 의견을 내놓는 등 다양한 활동을 하지.

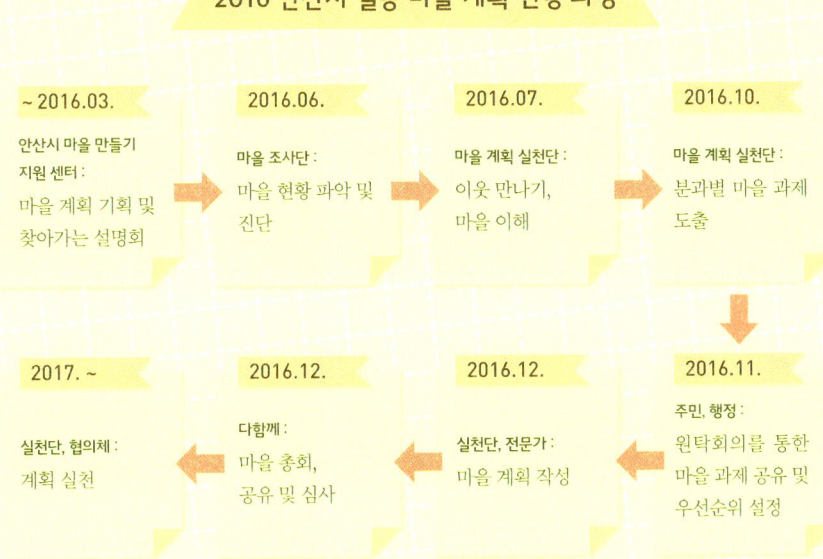

2016 안산시 일동 마을 계획 진행 과정

~ 2016.03.
안산시 마을 만들기 지원 센터 :
마을 계획 기획 및 찾아가는 설명회

2016.06.
마을 조사단 :
마을 현황 파악 및 진단

2016.07.
마을 계획 실천단 :
이웃 만나기, 마을 이해

2016.10.
마을 계획 실천단 :
분과별 마을 과제 도출

2016.11.
주민, 행정 :
원탁회의를 통한 마을 과제 공유 및 우선순위 설정

2016.12.
실천단, 전문가 :
마을 계획 작성

2016.12.
다함께 :
마을 총회, 공유 및 심사

2017. ~
실천단, 협의체 :
계획 실천

💡 2016년 경기도 안산시 일동에서 진행된 마을 계획 수립 과정이야. 주민들이 꿈꾸는 마을의 모습을 함께 그려 보고, 이를 위해 필요한 실천 방안을 토론하면서 주민들이 스스로 살기 좋은 마을을 만들어 가고 있어.

글쓴이의 말

정치는 우리의 삶, 우리의 행복!

'태평성대'라는 말을 들어 본 적 있나요? '어진 임금이 잘 다스려 아무 근심 걱정이 없는 세상이나 시대'라는 뜻이에요. 중국의 전설로 전해지는 요임금, 순임금 시대가 태평성대라고 알려져 있어요. 당시 일반 백성들은 임금이 누구인지도 몰랐대요. 왕이 나라의 주인으로 여겨지던 시절, 현명하고 도덕적인 왕이 나라를 잘 다스리니 백성들은 굳이 왕이나 나랏일에 관심 가질 필요가 없었던 거지요.

요순시대가 아닌 오늘날 민주주의 국가에서 국민들은 어떻게 살아야 할까요? 요순시대 백성들처럼 나랏일에 무관심해도 될까요? 절대 그렇지 않아요. 민주주의 국가에서는 국민이 나라의 주인이기 때문이에요. 우리나라의 길지 않은 민주주의 역사를 살펴보면 잘못된 길을 가는 대통령과 정부를 국민들의 힘으로 막아 바로잡았던 크고 작은 사건들이 많았어요.

작년 가을부터 올봄까지 대한민국 국민들은 또 한 번 혹독한 시련을 겪었어요. 대통령이 자신과 친한 몇 사람만을 위해 국민에게 위임받은 권력을 남용한 사실이 드러났지요. 입법부인 국회는 대통령을 탄핵했고, 사법부인 헌법재판소는 탄핵 인용 판결을 내려 대통령을 파면했어요. 우리나라 민주주의 역사상 처음 있는 일이었지요.

　민주주의는 마치 화초나 강아지, 고양이처럼 국민이 정성을 다해 돌보지 않으면 건강하게 키울 수 없어요. "투표 했으니 됐지, 뭐!"라거나 "귀찮아, 투표 안 할래!" 또는 "공약이고 뭐고 고향 사람을 뽑아야지." 이런 마음을 가진 국민은 민주주의에게 겨우 먹이나 챙겨 주는 것과 같아요. 햇빛은 부족하지 않은지, 불편한 곳은 없는지 늘 살피고 놀아 주어야 화초도 고양이도 건강한 내 가족으로 오래오래 함께 살 수 있는 것처럼 민주주의도 관심과 애정을 갖고 살펴야 해요.

　민주주의에 관심을 갖는다고 해도 정치는 내 뜻과 다르게 시행될 수도 있어요. 대통령이나 지방자치단체에서 언제나 내 주장만 들어줄 수는 없어요. 5천만이 넘는 국민들 각자 원하는 것도 경제적인 형편도 제각각일 테니까요. 그 많은 요구 사이에서 적절한 합의를 통해 더 나은 결과를 찾아가는 것이 바로 정치랍니다.

　고백하자면 그동안 나는 정치인들이 자기가 속한 정당 또는 자신의 권력만 지키려는 사람들이라고 생각하며 외면하기가 일쑤였어요. 그러다 3년 전

세월호 사건으로 큰 충격을 받고 대통령 탄핵까지 겪으면서 국가와 정치에 대해 다시 생각하게 되었어요. 국가에 대한 실망과 함께, 대통령을 잘못 뽑으면 어떤 끔찍한 일을 겪게 되는지 아주 아프게, 엄청난 비용을 치르며 배운 것이지요.

배운 내용을 제대로 복습하고 공부하지 않으면 나중에 더 힘들게 공부해야 하는 거 알지요? 우리 모두 이번 기회에 힘들게 배운 민주주의를 가슴속에 새기고, 민주주의 국가가 잘 운영되도록 함께 실천하는 현명한 국민이 되기로 해요. 비폭력 시위로 전 세계인을 감동시켰다는 촛불 집회를 아무 사고 없이 수십 차례나 치르며 국민들의 의견을 표현한 것처럼 앞으로도 주인으로서 해야 할 일을 모른 척하지 말자고요.

민주주의 시민으로 멋지게 성장할 여러분을 위해 이 책이 작지만 의미 있는 역할을 할 수 있으면 좋겠어요.

이정화

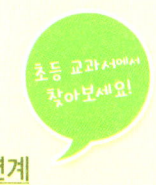

초등 교과 연계

<u>3-2 사회</u> 3. 다양한 삶의 모습들
① 다양한 생활 모습 ② 다른 환경, 다른 문화

<u>4-2 사회</u> 3. 지역 사회의 발전
② 지역의 문제 해결 ③ 주민 참여와 자원 봉사

<u>6-1 사회</u> 3. 대한민국의 발전과 오늘의 우리
③ 자유 민주주의의 시련과 발전 ⑤ 대한민국의 미래와 평화 통일

<u>6-2 사회</u> 1. 우리나라의 민주 정치
① 우리 생활과 민주 정치 ② 국가의 일을 맡아하는 기관들
③ 국민의 권리와 의무 ④ 행복한 삶과 인권

3. 세계 여러 지역의 자연과 문화
① 세계 여러 나라의 모습 ② 세계의 다양한 문화
③ 우리나라와 세계 여러 나라의 관계

4. 변화하는 세계 속의 우리
① 우리가 만들어 가는 미래 사회 ② 세계화의 모습과 우리의 역할
③ 함께 해결하는 지구촌 문제

<u>6-1 국어</u> 2. 다양한 관점
5. 광고 읽기
11. 뉴스의 관점

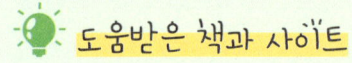 **도움받은 책과 사이트**

『거침없이 빠져드는 역사 이야기-정치학 편』 콩신펑 엮음, 정우석 옮김, 시그마북스, 2008.

『고대 그리스, 그리스인들』 H. D. F. 키토 지음, 박재욱 옮김, 갈라파고스, 2008.

『고대 그리스어린이들은 어떻게 살았을까?』 비비안 쾨닉 지음, 임미경 옮김, 주니어김영사, 2002.

『교양 있는 우리 아이를 위한 세계역사 이야기』 수잔 와이즈 바우어 지음, 이계정 옮김, 꼬마이실, 2004.

『나폴레옹의 시대』 앨리스테어 혼 지음, 한은경 옮김, 을유문화사, 2014.

『대여행가 - 불굴의 개척자 6인의 열정과 도전정신』 우한 엮음, 김숙향 옮김, 살림, 2009.

『로마사』 맥세계사편찬위원회 지음, 남은숙 옮김, 느낌이있는책, 2014.

『로마 어린이는 어떻게 살았을까?』 롤프 크렌처 지음, 김희상 옮김, 어린이작가정신, 2006.

『말랑하고 쫀득~한 세계사 이야기』 W. 버나드 칼슨 지음, 남경태·이충호 옮김, 푸른숲주니어, 2009.

『사람들은 어떻게 살아왔을까』 짐 파이프 지음, 우순교 옮김, 시공주니어, 2013.

『세상에서 가장 재미있는 세계사』 래리 고닉 지음, 이희재 옮김, 궁리, 2010.

『아하! 서양사 1』 박경옥 지음, 휴머니스트, 2013.

『어린이 그림세계사』 앤 밀라드 지음, 정미영 옮김, 주니어김영사, 2008.

『옛날 사람들은 이렇게 살았다』 이바르 리스너 지음, 김동후 옮김, 솔출판사, 2006.

『이야기 세계사 1』 김경묵·우종익 지음, 청아출판사, 2006.

『이야기 세계사 2』 구학서 지음, 청아출판사, 2006.

『청소년 정치 수첩』 한대희·크리스티네 슐츠-라이스 지음, 신홍민 옮김, 양철북, 2008.

...

안산시청 홈페이지

안산 마을만들기지원센터 홈페이지

💡 책 속에 등장하는 그림과 사진

20쪽 우르남무 법전비	Istanbul Archaeology Museum
21쪽 함무라비 법전비	Louvre Museum ⓒMbzt
33쪽 도자기 조각	Ancient Agora Museum ⓒwallyg
33쪽 투키디데스 흉상	Royal Ontario Museum
47쪽 루이 14세 초상화	Peace Palace Library
49쪽 대한민국 정부 수립 선포	국가기록원
61쪽 명나라 기린	National Palace Museum
62쪽 조선 통신사 행렬도	British Museum ⓒPHGCOM
87쪽 나폴레옹	National Gallery of Art
87쪽 히틀러	German Federal Archives
87쪽 무솔리니	ⓒGiac83
87쪽 김일성	ⓒGilad Rom
88쪽 제헌 헌법	국가기록원
113쪽 청와대	ⓒHumorahead01
125쪽 기자증	ⓒMarie-Anne08

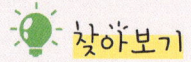 찾아보기

국가 43~44, 46~48

국제기구 137~138

국회의원 18~19, 32~35, 75, 165

교섭 60~62

난민 128, 130, 132, 134, 136, 138~139

내각책임제 111~112

ㄷ

대중매체 124~125

대통령(대통령중심제) 111~113

독립 혁명 152

독재 79, 81, 86~89

민주주의 18, 32, 46, 48, 74~75, 86~89, 111, 150, 157, 165~166

민회 23, 26~27, 32~33

ㅂ

법 13~14, 18~21

보트피플 132, 138

사회보험 99~101

선거 32~35

시민 26~27, 29, 33, 43~44, 143, 145, 150~153

언론 120, 124~126

오일륙(5·16) 군사 정변 88

외교 60~63

유권자 34~35

워터게이트 사건 117, 119

재스민 혁명 140, 146, 148, 153

정당 72, 74~75

지방자치제 165~167

통신사 62

투표 27~28, 32~33, 35, 86

풀리처상 117, 126

프랑스 대혁명 150~152

세계사가 속닥속닥
정치와 민주주의

1판 1쇄 발행일 2017년 5월 4일 1판 5쇄 발행일 2024년 4월 1일
글쓴이 이정화 그린이 성배 펴낸곳 (주)도서출판 북멘토 펴낸이 김태완
편집주간 이은아 편집 김경란, 조정우 디자인 안상준 마케팅 강보람, 민지원, 염승연
출판등록 제6-800호(2006. 6. 13.)
주소 03990 서울시 마포구 월드컵북로 6길 69(연남동 567-11) IK빌딩 3층
전화 02-332-4885 팩스 02-6021-4885

- bookmentorbooks.co.kr
- bookmentorbooks@hanmail.net
- bookmentorbooks__
- blog.naver.com/bookmentorbook

ⓒ 이정화 2017

※ 잘못된 책은 바꾸어 드립니다.
※ 이 책은 저작권법에 따라 보호를 받는 저작물이므로 무단 전재와 무단 복제를 금합니다.
※ 이 책의 전부 또는 일부를 쓰려면 반드시 저작권자와 출판사의 허락을 받아야 합니다.
※ 책값은 뒤표지에 있습니다.

ISBN 978-89-6319-225-3 73340

인증 유형 공급자 적합성 확인 **제조국명** 대한민국 **사용연령** 8세 이상
KC마크는 이 제품이 공통안전기준에 적합하였음을 의미합니다.
종이에 베이거나 책 모서리에 다치지 않도록 주의하세요.